LA ZONE MONÉTAIRE CEDEAO

Comment la logique politique a contrarié la rationalité économique

Collection « Études africaines »
dirigée par Denis Pryen et son équipe

Forte de plus de mille titres publiés à ce jour, la collection « Études africaines » fait peau neuve. Elle présentera toujours les essais généraux qui ont fait son succès, mais se déclinera désormais également par séries thématiques : droit, économie, politique, sociologie, etc.

Dernières parutions,

Alexis NDABARUSHIMANA, *Le Burundi face aux besoins fondamentaux de sa population*, 2021.
Marie Agnès FEUKEU TCHOUMBA, *Le pouvoir de sanction de l'Union africaine. Analyse des mécanismes de coercition du système d'intégration régionale africain*, 2021.
Abdel Kader BONGO DOYENDZE, *Le Paléolithique en République du Gabon : Étude des industries préhistoriques du Haut Ogooué*, 2021.
Mamadou Bakaye DEMBELE, *L'échec d'une construction légale du droit des successions au Mali*, 2021.
Yassine KERVELLA-MANSARÉ, *La condition peule hier et aujourd'hui. Étude comparative de communautés : Guinée et Tchad*, 2021.
Saliou NGOM, *Femmes et politique au Sénégal. Les dynamiques imbriquées d'inclusion-exclusion de l'indépendance à nos jours*, 2021.
Jean OTEMIKONGO MANDEFU YAHISULE, *Elections et changement politique en République démocratique du Congo. Six décennies perdues pour le développement*, 2021.
Sylvain Sorel KUATE TAMEGHE, *La justice, ses métiers, ses procédures, OHADA, Union Africaine, CEEAC-CEMAC, CEDEAO-UEMOA, Nations Unies, Cameroun, 4ème édition*, 2021.
Adrien ELLA MENDENE, *L'approche par les compétences au Gabon*, 2021.

SANDAVOY ADAMOH DJELHI -YAHOT

LA ZONE MONÉTAIRE CEDEAO

Comment la logique politique a contrarié la rationalité économique

L'Harmattan

5-7, rue de l'École-Polytechnique ; 75005 Paris

http://www.librairieharmattan.com

ISBN : 978-2-343-22434-3
EAN : 9782343224343

SOMMAIRE

INTRODUCTION 9

CHAPITRE PREMIER
L'IMPACT POSITIF DE LA ZONE MONÉTAIRE SUR L'ÉCONOMIE 11
I. LES FONDEMENTS THÉORIQUES DE LA ZONE MONÉTAIRE 11
II. L'IMPACT DE LA ZONE MONÉTAIRE SUR LES VARIABLES EXPLICATIVES DE LA CROISSANCE ÉCONOMIQUE 27
III. LES FAITS CONFIRMENT LA THÉORIE 30
VI.. LES CRITIQUES CONTRE LA ZONE MONÉTAIRE OPTIMALE 40

CHAPITRE DEUXIÈME
LA LOGIQUE POLITIQUE CONTRPRODUCTIVE CONTRARIANT LA RATIONALITÉ ÉCONOMIQUE DANS LA FORMATION DE LA ZONE CEDEAO 43
I. DES CONSIDÈRATIONS POLITIQUES CONTREPRODUCTIVES 44
II. LES CRITÈRES DE CONVERGENCE MACROÉCONOMIQUE FRAGILES, IRRATIONNELS ET ANTIÉCONOMIQUES OU RÉPRESSIFS 48

CHAPITRE TROISIÈME
LA ZONE MONÉTAIRE CEDEAO EST UNE UNION VIABLE 81
I. LES CRITÈRES TRADITIONNELS 82
II. LA CEDEAO et LES AUTRES CRITÈRES 87
IV. LA ZONE MONÉTAIRE CEDEAO PEUT ÊTRE EFFICIENTE 103
V. LE RÉGIME DE CHANGE FIXE ET L'ARRIMAGE DE L'ÉCO AVEC L'EURO, LE DOLLAR ET LE YEN 123

VI. LA ZONE MONÉTAIRE CEDEAO EST VIABLE........134
VII. LA ZONE MONÉTAIRE CEDEAO ET LA FUTURE ZONE MONÉTAIRE AFRICAINE (ZMA)..........................136

CONCLUSION GÉNÉRALE 139
ANNEXE...141
BIBLIOGRAPHIE 165
TABLE DES MATIÈRES..189

INTRODUCTION

Au sommet de Niamey, en septembre 2020, les chefs d'État de la CEDEAO annoncent le report, à une date ultérieure sans précision, de la mise en circulation de l'éco, la monnaie commune des pays-membres, initialement prévue pour cette même année 2020. Au sommet d'Accra, en juillet 2021, ils fixent l'échéance à l'année 2027. C'est la victoire – certes temporaire, mais contreproductive – de la politique politicienne sur la rationalité économique aux conséquences incalculables sur le processus du développement économique des 15 pays de la CEDEAO (que nous verrons plus loin dans ce livre). Décidée 33 ans plutôt, en 1987, par les chefs d'État de la sous-région, la création et le fonctionnement de cette zone monétaire CEDEAO, maintes fois reportés, n'ont encore pu être effectifs jusqu'ici : simplement pour des considérations essentiellement politiques, donc non rationnelles, du moins, du point de vue de la science économique. En effet, les arguments fondés sur les fameux « critères de convergence macroéconomique non encore remplis », ayant servi d'alibi pour cet autre report, sont, en grande partie, difficilement défendables, du point de vue scientifique ; ces critères de convergence macroéconomique, élaborés par des technocrates - loin d'être de vrais économistes - ou par des économistes dépassés pour n'avoir pas suivi le renouvel-lement de la théorie économique - sont conceptuellement et rationnellement fragiles voire erronés, donc contreproductifs pour les économies des pays – membres de la CEDEAO. S'en tenir absolument à ces critères de convergence est donc une grave erreur de jugement scientifique et de prise de décision politique inappropriée impactant négativement ces économies africaines. Que de temps perdu inutilement ! Que de coûts d'opportunité incalculables endurés et de conséquences sociales désastreuses !

L'objet de ce livre est de démontrer, scientifiquement, en termes de rationalité économique, d'une part, que les facteurs déterminants pour la formation de zone monétaire efficiente(optimale) n'ont pas besoin d'être réunis ex-ante pour le fonctionnement effectif de la zone monétaire CEDEAO, et d'autre part, qu'ils peuvent et doivent se réaliser ex-post , par référence au caractère endogène de la zone monétaire optimale ; par conséquent, le report de la mise en circulation de l'éco, la monnaie commune (déjà adoptée en juin 2019 par les chefs d'État) de cette zone, est irrationnel économiquement, coûteux socialement et contribue à retarder davantage le développement économique de la sous- région de l'Afrique de l'Ouest, globalement, et de chaque pays, individuellement pris. Dans cette optique, le livre comprend trois chapitres : le premier chapitre rappelle brièvement l'impact positif de la zone monétaire sur l'économie d'un pays et met, en exergue, les exemples de bonnes performances économiques de l'Union européenne et des pays de la zone CFA (ex-UEMOA et CEMAC) qui confirment la théorie; le second chapitre explique l'irrationalité du report du début de fonctionnement de la zone monétaire CEDEAO parce basée sur des considérations politiques voire politiciennes et des critères de convergence macroéconomique fragiles ou erronés et ignorant les vrais critères scientifiques ; le troisième chapitre démontre que les vrais critères scientifiques, déterminés par la science économique, sont déjà remplis ou peuvent l'être grâce aux effets de la dynamique endogène. Ils ne peuvent que se renforcer à travers le fonctionnement effectif de la zone monétaire CEDEAO. Ainsi, l'éco, la monnaie commune, peut être mis en circulation, à tout moment, pour concrétiser le démarrage effectif de la zone monétaire CEDEAO et éviter les coûts d'opportunité énormes provoqués par le report.

CHAPITRE PREMIER

L'IMPACT POSITIF DE LA ZONE MONÉTAIRE SUR L'ÉCONOMIE

Dans ce chapitre, nous démontrerons, tant du point de vue de la théorie économique que de l'économie positive, l'impact significativement positif de l'existence ou de la création d'une zone monétaire sur l'économie d'un pays ou des États-membres d'une union monétaire.

I. LES FONDEMENTS THÉORIQUES DE LA ZONE MONÉTAIRE

La formation des unions monétaires est basée sur la théorie de la zone monétaire optimale formulée par Mundell (1961) et d'autres économistes que nous présentons dans ce paragraphe.

1.1. La théorie de la zone monétaire optimale

La théorie de la zone monétaire optimale définit les critères déterminants et les bénéfices nets, pour un ensemble de pays, à former une zone monétaire. Pour éviter les répétitions, nous énumérons simplement les critères déterminants et les coûts et les bénéfices dans le présent chapitre. Les explications détaillées seront présentées ultérieurement, dans le chapitre troisième qui soutient, d'une part, que les critères déterminants sont plus ou moins remplis ou peuvent l'être pour la formation de la zone monétaire CEDEAO, et d'autre part, que les bénéfices nets sont largement positifs pour cette union si l'on raisonne, à la fois, ex- ante et ex-post, pour tenir compte de la dynamique de l'endogenéité de la zone monétaire optimale, introduite dans l'analyse en la matière, au début des années 2000 (Frankel et Rose, 1998,2000, 2002 ; Corsetti et Pesenti, 2002 ; De Grauwe et Mongelli, 2004).

À partir du débat sur le choix de régime de change fixe ou flexible des années 1940 et 1950(Lerner, 1947 ; Meade,1951, Friedman, 1953 et Scitosky, 1958) et sur le questionnement de l'efficacité de la régulation par le taux de change, Mundell (1961), Fleming (1961), Ingram (1962),McKinnon (1963) et Kenen(1969) ont élaboré les premières formulations de la théorie de la zone monétaire optimale ; elles expliquent qu'il est plus bénéfique, pour un ensemble de pays, d'adopter une monnaie commune, donc une politique monétaire communautaire, que de conserver, individuellement, leur propre monnaie. D'autres auteurs ont apporté des contributions importantes à la théorie de la zone monétaire optimale ; ce sont, notamment : Fleming (1971), Corden(1972), Ishiyama (1975), Tower et Willett (1976), Kydland et Prescott(1977), Cooper (1977), Barro et Gordon (1983), Bruno et Sachs (1985), Kendleberger (1986), Buiter(1986), Calmfors et Driffill (1988) ,Giavazzi et Giovannini (1989) Fratianni et Von hagen(1990), Mélitz (1991), Krugman (1991), Tavlas (1993), McCallum (1995), Buiter (1995), Edward(1996), Collins (1996), Bayoumi et Eichengreen (1996), Obstfeld and Rogoff (1996), Asdrubali, Sorensen et Yosha (1996), Frankel et Rose (1997 , 2002), Fontagné et Freudenberg (1999), Buti etSuardy,(2000), Hughes et Rummel (2000), Mongeli (2000), Berger, Jensen et Schielderup (2001), Cortesi et Pesenti (2002), Berger, Calvo et Reinhart (2002), Alesina , Barro et Tenreyero (2002), Skudenly (2003), Engel et Rogers (2004), De Grauwe et Mongelli (2004) etc. Ce développement que De Grauwe (1992) a appelé « la nouvelle théorie de la zone monétaire optimale » met davantage l'accent sur les bénéfices (avantages) plutôt que sur les coûts et explore, en plus, les critères comme : la similarité des taux d'inflation, l'efficacité de la politique monétaire , la crédibilité de la politique monétaire , l'efficacité de la politique économique, l'homogénéité des préférences, la synchronisation des cycles économiques, la corrélation et la variation des chocs , le caractère des chocs, l'intégration économique, l'efficacité des ajustements de taux de change, le caractère du régime de syndicalisme, le désir d'intégration, l'opportunité d'accès aux devises, les facteurs politiques.

La première formulation de la théorie a été, par la suite, complétée par la nouvelle théorie de la zone monétaire optimale à partir des année 1990, puis par la théorie de la zone monétaire optimale endogène dans les années 1998-2000, sans réelle remise en cause de sa forme première.

Dans la première formulation, les auteurs soutiennent que pour être optimale, la zone monétaire doit remplir un certain nombre de critères déterminés (qui seront d'ailleurs complétés par d'autres économistes, comme nous le verrons plus loin). Il s'agit notamment des critères ou facteurs élaborés selon la rationalité économique qui sont : mobilité des facteurs de production et flexibilité des prix et des salaires, intégration financière, degré d'ouverture sur l'extérieur, exogenéité et endogenéité, diversification de la production, intégration fiscale, intégration commerciale.

La nouvelle théorie de la zone monétaire optimale va prolonger le développement de la théorie, dans les années 1970 - 1990, en mettant davantage l'accent sur les bénéfices nets qu'une zone monétaire optimale procure à ses membres.

À partir des années 1998-2000, le concept d'endogenéité a été introduit dans l'analyse pour soutenir que la zone monétaire, par dynamique endogène, produit, elle-même, les conditions de son optimalité ; il implique donc la réalisation de la zone monétaire à partir de critères ex-post.

Dans le même ordre d'idée d'endogenéité, nous avons ajouté la bonne gouvernance économique - concept que nous avons élaboré dans un précédent ouvrage (cf., *Gouvernance en Afrique*, de Djelhi – Yahot, 2017) - qui a aussi un impact significatif sur l'économie (cf., *Zones monétaires et développement économique* de Djelhi-Yahot, l'Harmattan, 2019, Paris).

1.1.2. Les coûts et les bénéfices de la zone monétaire optimale(efficiente).

La formation de la zone monétaire optimale procure des bénéfices aux pays-membres ; mais, ces derniers encourent également des coûts. Les coûts sont : l'abandon de l'instrument de change, la perte de la souveraineté nationale, les coûts provoqués par l'existence d'institutions différentes sur le marché du travail, la perte de l'utilisation de l'impôt-inflation, les externalités externes négatives, les chocs symétriques et asymétriques, les coûts en termes de préférence de politique économique et les coûts de transition (un nouveau concept que nous avons élaboré dans un précédant livre (cf., Djelhi Yahot, 2019).

Les bénéfices concernent principalement l'accroissement de la valeur de la monnaie, la stabilité du taux de change et la compétitivité des prix, l'élimination des coûts de change et de transaction, le risk-sharing, la baisse de la volatilité provoquée par la spéculation, l'augmentation de la croissance économique, les gains en termes de crédibilité, les externalités externes positives et le seigneuriage international, l'accès à plus de réserves extérieures adéquates, à des opportunités d'importations stables, à un système financier plus stable et performant etc..

1.2. La nouvelle approche : l'efficience.

La théorie de la zone monétaire qui identifie les critères déterminants de la zone monétaire optimale (efficiente) et les bénéfices nets qu'elle procure n'exprime pas, réellement, le concept d'optimalité aussi bien du point de vue économique que mathématique.

Selon la théorie économique traditionnelle, former une zone monétaire optimale implique la mise en place d'un processus fondé sur des critères, en vue d'optimiser les bénéfices et coûts de cette zone monétaire. Même si l'analyse coûts / bénéfices permet d'évaluer, dans une certaine mesure, les implications de la formation d'une zone monétaire, il est à noter que les résultats peuvent, parfois, être nuancés, parce que, d'une part, « ni la théorie ni les études empiriques n'apportent, clairement et de façon très significative, de preuve concernant le solde entre coûts et bénéfices d'une zone monétaire », et d'autre part, certains critères sont difficilement quantifiables.

La création d'une zone monétaire optimale ne donne pas une idée réelle de l'optimalité tant du point de vue économique que mathématique. Dans ce chapitre, nous tenterons de le démontrer.

1.2.1. La faiblesse de l'approche traditionnelle

Dans la démonstration de Mundell (1961), à l'aide de deux Pays A et B, la mobilité des facteurs de production (travail et capital) permet de réaliser l'équilibre dans l'un ou l'autre pays en fonction de la situation. De même, la flexibilité des salaires et des prix conduit au rééquilibre du marché dans l'un ou l'autre pays, selon la situation économique donnée.

La diversification (Kenen, 1969) permet d'amoindrir les effets des chocs asymétriques, et même de les rendre symétriques dans une même zone monétaire ; grâce à l'élargissement de la taille de l'économie, elle permet d'atteindre un niveau de production optimale et contribue à réduire le déséquilibre.

De même, les autres critères édictés par la théorie de la zone monétaire optimale contribuent à réduire le déséquilibre, grâce à l'augmentation de la production, à travers le déplacement, plus à droite, de la courbe des possibilités de production (cf. courbes ci-dessous) dans un pays.

Graphique n° 1 : Courbes de possibilités de production

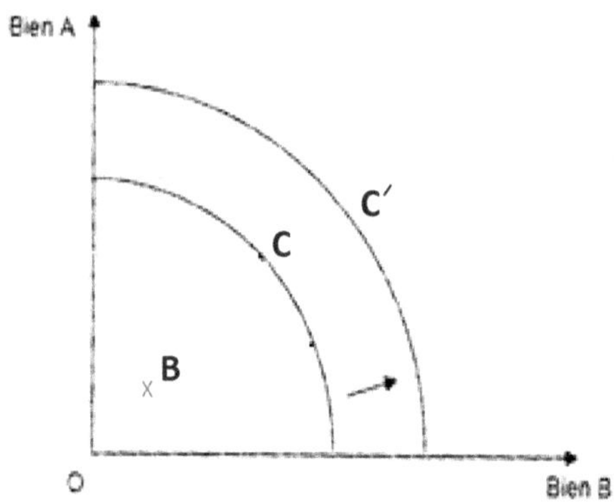

En effet, dans un pays donné, produisant deux biens A et B, les courbes C et C' (sur le graphique n° 1) représentent les possibilités de production maximale en fonction des différentes combinaisons des facteurs de production. En dessous de C et C', c'est – à – dire au point B, par exemple, on se trouve en situation de sous emploi des facteurs de production. Le déplacement de la courbe C à C' indique le processus de croissance à partir des différentes combinaisons des facteurs de production qui ne sont pas toujours substituables. Réaliser l'optimalité consiste donc à repousser, autant que possible, les possibilités de production, de manière à obtenir la production au point d'optimum, en d'autres termes, à acquérir les performances économiques maximales pour un pays donné, à un moment donné.

Évidemment, pour les pays africains dont les économies se trouvent nettement en deçà de la courbe de production maximale, le problème c'est comment s'y rapprocher et y parvenir dans un délai raisonnable. D'autres facteurs tels que « les comportements, l'inefficacité du marché, la mauvaise circulation de l'information, l'insuffisance d'entrepreneurs, le manque de prises de risque, l'instabilité politique, les guerres civiles, les rébellions, la rigidité des prix, les contraintes familiales, etc., constituent des contraintes qui les retardent », comme le soulignent J. Brasseul et C Lavrard (2016), malgré la tentative de leur prise en compte par la courbe dite « le labyrinthe des possibilités de production » proposée par Henry Bruton (1998). Cette courbe de Bruton (1998) d'ailleurs montre bien les difficultés de progression dans le processus de développement., surtout en Afrique. Mais, de notre point de vue, elle a, au moins, le mérite de mieux expliquer le processus du développement économique en Afrique, même si elle ne peut permettre de l'accélérer de façon satisfaisante. Comme l'indique cette courbe sur le graphique n° 2 (ci-dessous), le processus de développement est un véritable parcours du combattant, « à travers des barrières ou en les contournant, la société avance de façon discontinue, en essayant une voie, puis une autre, en se trompant et en revenant en arrière » ; autrement dit, le processus avance, particulièrement en Afrique, à tâtons, avec peu de rationalité et des remises en cause incessantes ou des cramponnements à des modèles erronés et inefficaces, dans un environnement économique fait de corruption excessive, de liberté limitée, de systèmes de marchés inefficaces, de gestion économique et financière sans transparence ni participation ni responsabilisation (accountability) véritables.

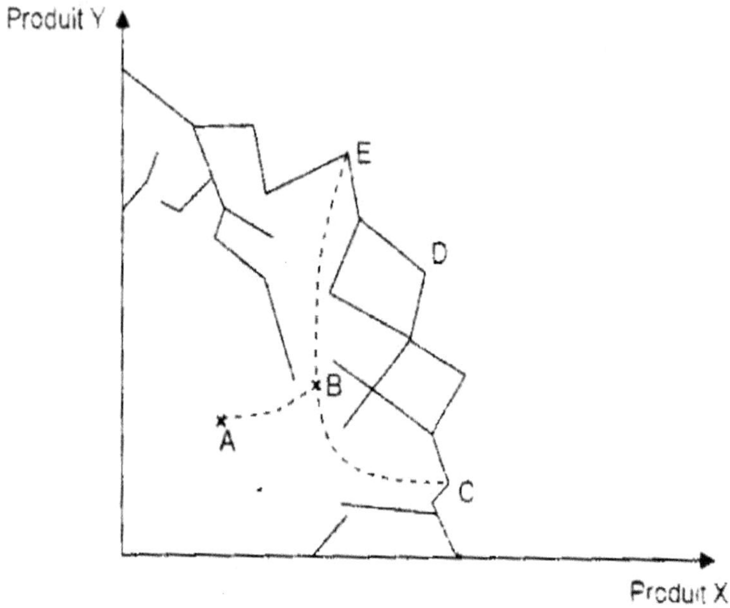

Graphique n° 2 : le labyrinthe des possibilités de production de Bruton

1.2.2. L'efficience plutôt que l'optimalité

En réalité, la courbe des possibilités de production peut ne pas correspondre au point d'optimum de la production. En ce qui concerne l'optimalité d'une zone monétaire, on est en droit de se poser des questions : est-ce la taille de la zone monétaire qui est optimale ou l'équilibre de l'économie qui se réalise au point d'optimum ? Ou bien ce sont les bénéfices et les coûts ou les bénéfices nets qui atteignent un niveau optimal ? Est-ce que l'équilibre atteint dans les économies des États - membres d'une zone monétaire optimale est optimal ? Malgré l'impact positif certain de la création de la zone monétaire sur les performances économiques, rien ne permet de dire que le niveau de ces performances économiques se situe au point d'optimum tant économique que mathématique.

Du point de vue de la théorie économique, un niveau de production donné est optimal quand le bénéfice marginal est égal au coût marginal.

Cet état d'optimalité économique est dérivé du principe mathématique de détermination des extrema d'une fonction qui situe le point d'optimum là où la dérivée première de la fonction est égale à zéro et sa dérivée seconde est négative, soit

$$f'(x) = 0$$

$$\text{et } f''(x) < 0$$

Par référence à la détermination mathématique du point d'optimum d'une fonction, un niveau de production ne peut être optimal, au sens économique, que s'il est le plus élevé possible à partir d'une combinaison de facteurs de production donnée. Or, les critères de la théorie de la zone monétaire permettent d'atteindre seulement un niveau d'équilibre de la production nationale (PIB) - qui n'aurait pas été possible en absence de zone monétaire - et non un niveau d'optimalité tel que nous venons de définir. Parler donc d'optimalité d'une zone monétaire ici n'est pas tout à fait juste, puisque l'optimalité est différente de l'équilibre ; en effet, le point d'optimum, en sciences économiques, n'est pas forcément le point d'équilibre, même si les deux points peuvent parfois coïncider.

En raisonnant en termes d'avantages (bénéfices) par rapport aux coûts (inconvénients) que chaque pays tire ou subit à être membre d'une zone monétaire, l'analyse marginaliste ne peut réellement permettre de dire qu'une zone monétaire est optimale que lorsque l'on raisonne ex-ante et en termes statiques pour deux raisons :

- le coût marginal et le bénéfice marginal ne peuvent être calculés qu'à partir des données statistiques collectées ;

- l'égalité entre bénéfice marginal et coût marginal implique qu'on a atteint le point d'optimalité et qu'il n'y a plus rien à rechercher.

Or, l'économie est en perpétuel mouvement et l'état de développement qui en résulte, est un stade transitoire d'un processus pour davantage de progrès social. Du point de vue dynamique, et en raisonnant ex-post, l'analyse marginaliste de la théorie de la zone monétaire optimale ne semble pas tout à fait satisfaisante pour juger de l'optimalité d'une zone monétaire.

Soit

x_i, les bénéfices de la branche d'activité i d'un pays

y_i, les coûts de la branche d'activité i du pays.

b, l'ensemble des bénéfices nets du pays, c'est-à-dire la somme des bénéfices moins la somme des coûts de toutes les branches, soit

$$f(b) = \sum (x_i - y_i) \qquad (1)$$

Maximiser les bénéfices nets du pays, c'est chercher à déterminer leur niveau le plus élevé possible, c'est-à-dire leur niveau optimal. Mathématiquement, il s'agit de chercher le point d'optimum de la fonction des bénéfices nets totaux du pays, soit

$$\text{Max } f(b) = \sum (x_i - y_i) \qquad (2)$$

f(b) est au point d'optimum quand la dérivée première est égale à zéro et la dérivée seconde est négative, c'est-à-dire

$$f'(b) = 0$$

$$\text{et} \quad f''(b) < 0$$

Soit B, l'ensemble des bénéfices nets d'une zone monétaire, constitués par la somme des bénéfices moins les coûts de toutes les branches, sur une période allant de 1 à n.

X = la somme des bénéfices par branches

Y = la somme des coûts par branches

Au temps t_1, $B_1 = \sum(X_1 - Y_1)$

Au temps t_2, $B_2 = \sum_{1}^{2}(X_2 - Y_2)$

……………………………………………

……………………………………………

…………………………………

Au temps t_n, $B_n = \sum_{1}^{n} (X_n - Y_n)$

Il s'agit donc de maximiser l'ensemble des bénéfices nets de l'union monétaire

$$\text{Maximiser } B = \text{MAX} \sum (X - Y) \qquad (3)$$

La fonction f(B) détermine, à chaque moment, le niveau de bénéfices nets de l'union monétaire. À chaque étape du processus de développement économique et d'intégration, correspond un niveau de bénéfices nets totaux résultant des performances économiques. Il existe donc plusieurs niveaux de bénéfices nets de l'union monétaire qui varient d'une période à l'autre, et qui, pour la même période, dépendent des différences entre les bénéfices et les coûts, eux-mêmes soumis aux performances économiques, c'est-à-dire à la capacité productive de la zone monétaire. Or, la zone monétaire optimale, telle que définie par la théorie traditionnelle, indique simplement qu'il y a plus d'avantages, donc de bénéfices pour les pays, à former une zone monétaire qu'à conduire individuellement et séparément, leurs économies, puisqu'elle permet de rééquilibrer les économies respectives en termes de niveaux d'inflation, d'emploi et de compte extérieur.

Sur le graphique n° 3, ci-dessous, l'égalité entre bénéfice marginal et coût marginal détermine la taille optimale de la zone monétaire. On peut en déduire que, sur le marché des biens et services, du point de vue microéconomique (si on considère l'union monétaire comme une entité de production), la production est à son niveau optimal parce que bénéfice marginal et coût marginal sont égaux. Or, il s'agit ici de raisonner en termes macroéconomiques (car, il est question d'espace économique) et de maximiser plutôt l'équation (3), soit

$$\text{Maximiser } B = \sum (X - Y) \qquad (4)$$

c'est-à-dire maximiser la somme des bénéfices totaux dans l'économie, en obtenant l'égalité entre bénéfices et coûts marginaux, ce qui revient à déterminer aussi la taille optimale de l'union monétaire en question.

Mais, pour un pays ou une zone monétaire (un ensemble de pays), il est difficile de quantifier bénéfices et coûts marginaux, surtout quand on prend en compte tous les coûts et bénéfices sociaux.

Graphique n°3 : Courbes des coûts et bénéfices marginaux

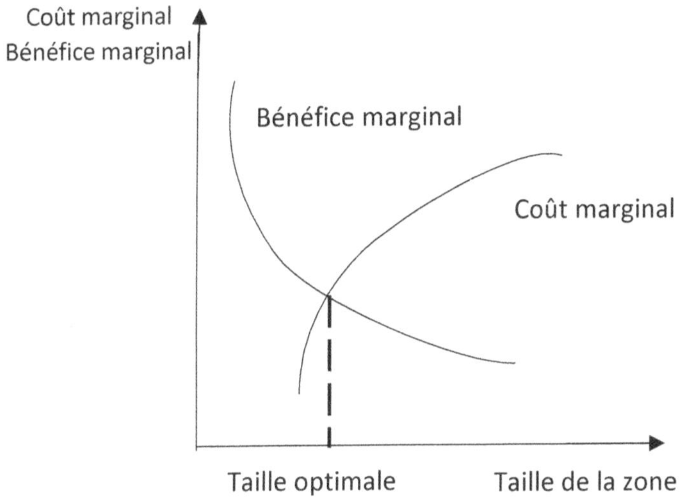

Si l'union monétaire conduit à la réalisation de performances économiques élevées, partant de plus d'avantages, rien n'indique que les niveaux de performances et d'avantages économiques, à chaque stade, se situeront au point de l'optimum, c'est-à-dire au niveau le plus élevé possible, dans la mesure où la zone monétaire conduit à un point d'équilibre, et que l'équilibre diffère de l'optimum.

Dans sa théorie de la zone monétaire optimale, Mundell (1961) raisonne en termes de réalisation de l'équilibre, dans l'économie de deux pays A et B, par l'acquisition de faible taux d'inflation, de plein emploi et de l'équilibre externe (balance des paiements) grâce à l'existence de la zone monétaire. Que la formation de l'union monétaire permette d'obtenir l'équilibre dans l'économie des deux pays, selon le cas, ne pose aucun problème particulier si l'on prend en compte les hypothèses de départ.

Par contre, les niveaux d'inflation et de chômage ainsi recherchés dans l'économie ne peuvent pas correspondre au point d'optimum. En effet, comment expliquer que l'on cherche à réaliser, dans l'union monétaire, les niveaux d'inflation et/ ou de chômage les plus élevés ? Comment peut-on obtenir, simultanément, ces deux points d'optimum, dans une économie quand on sait que l'inflation et le chômage sont des variables asymétriques dans une économie, depuis l'économiste néo-zélandais Alban William Phillips (cf., sa courbe dérivée en 1958, dénommée, par la suite, courbe de Phillips)? Si, par absurdité logique, on parvenait à déterminer de tels points d'optimum, ce serait un non-sens économique ; l'objectif de la politique économique, c'est, rationnellement, d'obtenir plutôt leurs niveaux minima. Il n'est donc pas tout à fait juste et rationnel économiquement, de parler d'optimalité en ce qui concerne les niveaux d'inflation et de chômage dans les économies des États – membres d'une union monétaire.

En raisonnant en termes de réalisation d'équilibre des marchés du travail, des biens et services et de la monnaie, comme Mundell, on peut convenir que le déséquilibre sur chaque marché, dans un pays – membre d'une zone monétaire, est corrigé par les transferts d'excédent budgétaires, de surplus d'offre de travail et par les effets prix de l'économie d'un autre pays – membre. Mais, encore une fois, rien ne prouve que le niveau de ces variables est optimal ou que les équilibres acquis correspondent à un niveau maximal.

En conséquence, dire qu'une zone monétaire est optimale, du seul fait du regroupement des pays - membres, n'est pas, mathématiquement et économiquement, bien fondé. Bien sûr, plus la taille de l'union monétaire s'étend, plus la production de richesse (PIB) augmente, plus la probabilité que les ajustements se réalisent, dans l'économie nécessiteuse, est forte. Mais, rien ne prouve que le niveau de PIB qui en résultera représentera le point d'optimum, car le niveau de production varie également (même avec les mêmes combinaisons des facteurs de production) en fonction de la dynamique endogène (amélioration de connaissances et de savoir-faire, progrès technique, résultats de recherche-développement etc.)

Employer donc le mot optimal comme épithète, pour qualifier une zone monétaire tel que le fait la théorie économique traditionnelle, est inapproprié. On pourrait plutôt parler de « zone monétaire efficiente », dans la mesure où le terme efficient veut dire « ce qui conduit à de bons résultats », ce à quoi conduit justement une zone monétaire quand elle fonctionne à plein régime.

Néanmoins, cette correction d'épithète qui permet de distinguer entre point d'optimum et point d'équilibre – tant du point de vue mathématique qu'économique – ne peuvent remettre en cause l'impact de la formation de zone monétaire sur les économies des États - membres. C'est l'interprétation et la qualification de l'impact de la zone monétaire qui sont erronées ; l'impact lui-même demeure est réel et ne peut être réfuté.

On peut également noter que, du point de vue de la logique économique, un niveau donné de performances et d'avantages économiques d'une union monétaire ne peut pas être, d'office qualifié d'optimal ; À cet égard, cherchons à connaitre ce qui est optimal : la taille de l'union monétaire, la production (PIB) ou le niveau des bénéfices ? En d'autres termes, Cherche-t-on à déterminer une taille optimale de zone monétaire en intégrant un ensemble de pays ou cherche-t-on, au contraire, à regrouper des pays en une union monétaire pour leur permettre de réaliser le niveau le plus élevé possible - donc optimal - de performances économiques (PIB) dans le but d'obtenir le maximum de bénéfices nets (avantages)? Il apparait évident, dans notre entendement, qu'il s'agit du second cas de figure, c'est-à-dire la maximisation des bénéfices nets que procure l'union monétaire à ses membres ; on fait l'hypothèse, évidemment que les bénéfices excèdent les coûts, autrement, il n'y aura aucun avantage. Or, l'objet de la science économique, c'est, justement, la recherche du progrès social.

En conséquence, nous pouvons affirmer que former une union monétaire ne conduit pas automatiquement à l'acquisition d'avantages optimaux ; la création de la zone monétaire constitue une première étape ; le respect des critères de la zone monétaire permet, par la suite, d'atteindre un niveau de production optimale pour pouvoir acquérir des avantages et performances économiques optimaux, grâce aux critères identifiés, y compris la similarité des structures économiques (convergence macroéconomique) et l'efficacité de la politique économique. La zone monétaire devient alors efficiente ; il faut plutôt parler de zone monétaire efficiente.

Que l'on raisonne en termes d'endogenéité (ex-post) ou ex-ante, les critères d'efficience doivent être pris en compte dans la formation ou le fonctionnement d'une zone monétaire véritablement efficiente, du moins telle que nous l'entendons ici, étant entendu que le caractère efficient s'apprécie strictement par le niveau de maximisation des bénéfices nets procurés à l'ensemble des États - membres de l'union et non par le simple fait de l'intégration dans une union monétaire.

II. L'IMPACT DE LA ZONE MONÉTAIRE SUR LES VARIABLES EXPLICATIVES DE LA CROISSANCE ÉCONOMIQUE

Dans *Zones monétaires et développement économique en Afrique (cf.,* Djelhi-Yahot, 2019*),* nous avons déjà démontré que la création ou l'existence des zones monétaires efficientes impactent positivement les variables qui sont à l'origine de la croissance économique dans une économie donnée. Cela veut dire que la zone monétaire efficiente, en plus de ses externalités positives (avantages ou gains énumérés au chapitre premier de la première partie), contribue à créer davantage de richesses dans les pays-membres, en agissant directement sur les variables explicatives de la croissance économique.

Soit

le PIB = Y, l'ensemble des richesses créées dans un pays ouvert sur l'extérieur, c'est-à-dire l'ensemble de valeurs ajoutées créées ; alors, on a :

$$Y = C + I + G + X - M \qquad (5)$$

C = Consommation totale

I = investissement

G = Dépense Publique

X = Exportations

M = Importations

$X - M = \bar{X}$, Exportations nettes.

Il est évident que toute augmentation des variables C, I, G et X – M provoque un accroissement de Y (équation 5).

Or, il est établi, par la théorie économique, que l'existence et/ou la création de zone monétaire :

- favorisent la consommation C grâce aux effets des multiplicateurs keynésiens et de crédit ;

- accroissent l'investissement I, grâce à l'application de politique monétaire optimale communautaire (donc non répressive) et à la stabilité monétaire et des prix relatifs due à la fixité de parité du taux de change ;

- provoquent une plus forte croissance économique grâce à la politique monétaire optimale communautaire (variation adéquate de la masse monétaire) conduite par la banque centrale communautaire ;

- favorisent le développement du progrès technique qui est endogène au système de production, et accélèrent la croissance économique (cf. Romer, 1986, 1993, Barro, 1995,2000, 2008 et Lucas, 2000) ;

- conduisent à une politique fiscale et budgétaire communautaires efficaces ayant un impact positif réel sur la croissance économique ;

- accroissent $X - M = \overline{X}$ (les exportations nettes), puisqu'elles intensifient l'intra – commerce et favorisent la diversification de la production ; Or, les effets positifs du commerce international sur la croissance économique ont été démontrés, depuis le début du développement de la théorie économique, à travers la théorie des débouchés d'Adam Smith (1776) et des avantages comparatifs de Ricardo (1817), les théories dynamiques des avantages comparatifs telles que la théorie du cycle du produit de Vernon(1966) et l'approche des étapes successives des avantages comparatifs de Bela Balassa(1989)). Pour ces économistes, la dotation en facteurs de production se modifie sous l'effet du développement et de l'accumulation du capital de sorte que les spécialisations des pays évoluent, avec le temps, en fonction du niveau de développement et de technologie.

Jagdish. Bhagwati (1998), a introduit le concept de croissance appauvrissante qui est un cas particulier « de statique comparative où le développement des exportations provoque la détérioration des termes de l'échange d'un pays et crée une situation défavorable ». Toutefois, ce concept ne peut remettre en cause l'impact du commerce extérieur sur la croissance économique d'un pays.

Le doute, exprimé dans les années 1950, par Nurkse sur le rôle du commerce et du libre – échange, en tant que facteurs de développement, a été dissipé depuis longtemps.

La thèse de Gunnar Myrdal (1957) selon laquelle « le commerce international ne conduit pas au développement », parce qu'il a des « effets retardataires (backsetting effects) et renforce la stagnation ou la régression », ne peut non plus être soutenue de nos jours, en matière de commerce international.

Les structuralistes (Krugman,1991) soutiennent que le commerce, à la limite, ralentit la croissance économique dont il résulterait, par la suite. Pour eux, par ses structures inégales, le commerce international est biaisé contre les pays en développement, au profit des pays développés.

Par conséquent, les néomarxistes (Arghiri Emmanuel, 1969; Samir Amin,1970, 1973) et les structuralistes néokeynésiens (Celso Furtado,1970) prônent le développement autocentré pour corriger l'échange inégal entre la Périphérie (les pays sous-développés) et le Centre (les pays développés). Mais, la mondialisation irréversible des économies, de nos jours, ne permet pas une telle solution pour le processus du développement économique des pays en développement.

De plus, des études économétriques ont montré que « le commerce réciproque et l'ouverture de l'économie sur l'extérieur sont renforcés entre les pays qui adoptent une monnaie unique, grâce à la diminution des coûts de transaction et la stabilité des prix ». Glick et Rose (2001) soutiennent que « les pays qui rejoignent l'Union européenne doublent leurs échanges ; Frankel et Wei (1988) confirment que l'adhésion à l'Union européenne augmente les échanges communautaires d'environ 60%.

Micco, Stein et Ordonez (2003), eux, ont relevé un effet très significatif de l'Union européenne sur le commerce et l'économie de ses pays-membres.

On tire la conclusion que l'existence ou la création de zones monétaires contribuent au développement économique d'un pays. Mais, les performances économiques ont - t - elles été plus importantes dans les zones monétaires que dans les espaces économiques hors zones monétaires ? Notre réponse à cette question fait l'objet du développement du paragraphe suivant.

III. LES FAITS CONFIRMENT LA THÉORIE

Malgré quelques velléités très timides - du reste fragiles - de la part de quelques économistes, l'impact de la zone monétaire sur l'économie est significatif et indéniable, du point de vue de la logique économique. Mieux, l'analyse de l'économie positive, confirme clairement la théorie.

Ainsi, l'examen des performances et des agrégats et indicateurs économiques montrent bien que la zone du franc CFA (l'ex-UEMOA et CEMAC) et l'Union Monétaire Européenne (dans l'Union européenne) ont réalisé de bien meilleures performances que les autres pays non membres de zone monétaire en Afrique et en Europe.

3.1. Les performances économiques en Afrique

L'analyse comparative des données empiriques telles que la variation de la création de richesses, donc de valeurs ajoutées mesurées par le PIB, la variation de l'investissement, de l'épargne et du prix à la consommation dans les différentes zones monétaires et les espaces économiques hors zones monétaires, en Afrique, montre que les zones monétaires ont obtenu de bien meilleurs résultats. Il s'agit précisément de :

- la zone CFA (l'ex-UEMOA et CEMAC) et la CEDEAO (avant la création de l'éco et sa transformation en zone monétaire);

- la zone du franc CFA et les espaces économiques hors zones monétaires (COMESA et SADC) ;

- la SADC et les pays de l'Union douanière de l'Afrique Australe ;

L'examen des données statistiques confirme aussi les effets positifs de la zone monétaire optimale (efficientes) sur l'économie et l'avantage d'y appartenir par comparaison aux pays hors zone monétaire.

Dans l'analyse, nous prenons en compte les agrégats et indicateurs au sein et en dehors des zones monétaires existantes ou futures en Afrique, pour la simple raison que nous raisonnons ex-post, donc en termes de création de zones monétaires à critères endogènes, dans la mesure où l'économie est dynamique, c'est-à-dire en perpétuelle évolution.

Dans le tableau n° 1, sur la période 2004 - 2016, la croissance du PIB réel hors pétrole, de la zone CFA (l'ex-UEMOA et CEMAC) est respectivement de 6,5%, 3,4%, 5,8%, 3,5%, 6,4%, 5,7%, 5,9%, 4,9%, 4,9% quand il est de

4,4%, 3,1%%, 5,4%, 4,9%, 6,3%, 7,3%, 6,8%, 3,8%, 3,6% dans l'espace économique CEDEAO. Globalement, les chiffres sont à l'avantage de la zone CFA, malgré les exceptions en 2011, 2013 et 2014.

En Afrique australe, le taux de croissance du PIB réel de la SADC (6,8%, 1,7%, 4,8%, 5%, 3,8%, 4,7%, 3,9%, 2,6%, 2,2%) est nettement plus élevé que celui de l'Union douanière de l'Afrique australe (avec 4,8%, -1,6%, 3,3%, 3,4%, 2,4%, 2,7%, 1,8%, 1,3%, 0,9% et 1,5%), mais en dessous de ceux de la zone monétaire du franc CFA.

En matière d'investissement (cf. tableau n° 2), la zone CFA a réalisé un taux variant entre 21% et 26,8% par rapport au PIB, sur la même période 2000-2016, nettement plus élevé que le taux d'investissement de la CEDEAO se situant entre 16,2 % et 20,9 %. Ils sont au-dessus de ceux de la SADC (de 20,2% à 21,9%) et de l'Union douanière de l'Afrique australe (de 19,1% à 21,4%).

En Afrique, l'inflation (tableau n° 3) a été mieux maitrisée dans la zone CFA qu'au sein de la CEDEAO et de la COMESA. En effet, la variation du prix à la consommation y a été faible, se chiffrant à 3,6%, 0,3%, 2,9%, 3,5%, 2,9%, 1,1%, 1,4%, 1,4%, 2%, 2% pendant qu'elle était entre 5,7% et 12,5 % avec un pic de 18,7% au sein de la COMESA et variait entre 4,8% et 6,7% dans la CEDEAO.

Sur la période 2004 – 2016, à l'exception de la période 2004 – 2009, le taux d'épargne nationale brute (tableau n° 4) est nettement plus élevé dans la zone CFA que dans la CEDEAO.

Sur la même période 2004 – 2016, il est également plus important dans la zone CFA que dans les autres espaces économiques COMESA et SADC (cf. tableau n° 4).

Les variations des données statistiques, sur la période 2000-20016, montrent que, la zone monétaire CFA (CEMAC et l'ex-UEMOA) en Afrique, a réalisé de bien meilleures performances économiques que les espaces économiques hors zone monétaire.

La CNUCED relève que le commerce a connu une croissance plus rapide en Afrique que dans les pays développés au cours de la dernière décennie et que les exportations africaines ont progressé de 12 %, un taux de progression supérieur à celui de la progression des exportations dans les pays développés de 9,3 %. Mais, avec une part du commerce mondial qui passe de 3,2 % en 2010 à 4,2 % en 2015, le commerce africain demeure dérisoire à l'échelon international.

Tableau n° 1 : taux de croissance du PIB (en %)

Années	2004-2008	2009	2010	2011	2012	2013	2014	2015	2016
Zone CFA	6,5	3,4	5,8	3,5	6,4	5,7	5,9	4,9	4,9
CEMAC	9,8	4,4	7,3	6,3	6,0	5,7	5,1	2,9	3,2
UEMOA	3,6	2,6	4,6	1,0	6,7	5,8	6,6	6,5	6,2
COME SA	6,2	5,6	7,9	7,1	5,9	6,2	6,5	6,0	4,6
CAE	6,2	5,2	7,4	6,9	4,6	5,8	5;9	5,8	6,1
CEDEAO	4,4	3,1	5,4	4,9	6,3	7,8	6,8	3,8	3,6
Union douanière d'Afrique Australe	4,8	1,6	3,3	3,4	2,4	2,7	1,8	1,3	0,9
SADC	6,3	1,2	4,8	5,0	3,8	4,7	3,9	2,6	2,2

Source : FMI (perspectives économiques régionales, avril 2016)

Tableau n ° 2: taux d'investissement (en % du PIB)

	2004-2008	2009	2010	2011	2012	2013	2014	2015	2016
ZONE CFA	21,0	25,5	26,2	24,4	25,0	26,8	27,2	26,6	26,7
CEMAC	23,0	32.8	30,8	29,8	29,1	30,3	32,1	31,3	31,1
UEMOA	19,1	19,1	22,2	19,6	21,4	23,7	23,1	22,7	23,2
COMESA	22,8	23,1	22,7	24,4	25,0	24,3	24,6	26,3	26,0
CAE	23,4	23,2	24,1	27,3	25,7	25,5	25,9	26,4	26,7
CEDAO	17,8	20,9	18,7	17,7	17,5	17,1	17,6	16,6	16,2
Union douanière d'Afrique Australe	20,7	21,4	20,1	19,9	20,9	20,8	21,2	20,1	19,6
SADC	20,9	21,3	20,4	20,6	21,3	21,7	21,9	20,2	20,3

Source : FMI (perspectives économiques régionales, avril 2016)

Tableau n° 3 : variation du prix à la consommation (en %)

	2004-2008	2009	2010	2011	2012	2013	2014	2015	2016
ZONE CFA	3,1	2,6	1,4	3,1	3,3	1,7	1,2	1,6	2,0
CEMAC	2,7	4,5	2,0	2,6	3,8	2,1	2,6	2,4	2,4
UEMOA	3,4	1,0	0,8	3,6	2,8	1,3		1,0	1,7
COMESA	11,5	13,0	7,3	16,0	11,6	6,2	6,0	6,8	8,2
CAE	7,7	11,6	5,2	14,0	12,6	6,2	5,8	5,8	6,2
CEDEAO	10,2	10,4	11,1	9,6	10,3	7,6	7,3	8,2	9,2
Union douanière d'Afrique Australe	5,8	7,2	4,4	5,2	5,8	5,7	6,0	4,5	6,3
SADC	8,0	9,8	6,9	7,6	7,2	6,3	6,0	5,5	8,3

Source : FMI (perspectives économiques régionales, Avril 2016)

Tableau n° 4 : taux d'épargne nationale brute (en % du PIB)

Années	2004-2008	2009	2010	2011	2012	2013	2014	2015	2016
ZONE CFA	20,4	17,8	20,5	22,1	20,7	20,6	21,0	18,3	18,8
CEMAC	27,7	20,3	24,6	27,2	26,6	24,8	25,7	20,4	20,3
UEMOA	13,8	15,6	16,9	17,5	15,3	16,9	16,9	16,7	17,6
COMESA	18,4	15,0	18,5	18,2	18,3	17,3	16,9	17,2	17,0
CAE	19,5	17,5	17,6	17,1	17,0	14,6	15,8	17,4	18,3
CEDEAO	25,8	23,6	20,0	18,3	18,1	17,6	15,6	12,8	12,4
Union douanière d'Afrique Australe	17,5	18,5	18,4	17,8	16,3	15,8	16,7	16,3	15,2
SADC	18,9	15,8	19,4	18,3	17,3	16,2	16,3	13,8	12,9

Source : FMI (perspectives économiques régionales, avril 2016)

Mais, les exportations intra - africaines ont augmenté de 2,6% entre 2001 et 2006, et de 3,2 % entre 2007 et 2011 ; pour les mêmes périodes, les taux d'augmentation étaient de 9,4 % et 4, 2% pour les importations intra - africaines.

Toujours, selon les données statistiques publiées par la CNUCED, la valeur des échanges intra - africains est passée de 45,9 milliards de dollars en 1995 à 130,1 milliards de dollars en 2011 et a augmenté à un taux moyen de 8,2 % par an.

Dans des études empiriques, Fontagné (2005) et d'autres économistes ont montré que les échanges entre les États – membres de l'ex-UEMOA auraient triplé si les infrastructures économiques étaient considérablement améliorées, en particulier si les routes étaient bitumées.

Montinari et Fontagné (2011) soutiennent que la réduction de distances entre partenaires accroitrait le commerce intra – régional entre les pays africains de 17,3 % ; Longo et Sekkat (2004) indiquent que les échanges bilatéraux pourraient augmenter de 2 %, dans les mêmes conditions.

La CNUCED relève que le niveau de vie en Afrique augmenterait de 1,013 % avec l'élimination des obstacles tarifaires et la réduction des coûts de transport. Elle va plus loin pour dire que l'élimination des droits de douanes sur l'ensemble du continent africain et une réduction substantielle des coûts de transport auraient une incidence plus importante sur le niveau de vie des populations africaines que « les différentes simulations de la libéralisation des échanges entre l'Afrique et ses principaux partenaires commerciaux (UE, USA, Chine) ».

À partir de données statistiques (cf. tableau n° 5, ci-après), André Musungaie (2010) conclut que les unions monétaires africaines ont mieux résisté à la crise financière de 2008-

2009 que les espaces économiques africains non membres de zone monétaire.

En Afrique de l'Ouest, l'ex-UEMOA a connu un taux d'inflation nettement plus bas (8,78 % et 1,44 %) que la ZMAO (13,16 et 10,02 %) sur la période 2008-2009. La CEMAC a également bien contenu l'inflation dans une fourchette raisonnable de 6,42 % et 5, 05 % respectivement en 2008 et 2009.

On tire la conclusion que L'ex-UEMOA et la CEMAC de la Zone du franc CFA, ont mieux résisté à la tentation de hausse du taux d'inflation que la SADC, la CMA et l'EAC. Seule l'Union Arabe du Maghreb a su aussi résister à une poussée inflationniste forte, mais à un taux de 3,07 % supérieur à celui de l'ex-UEMOA (1,44 %) en 2009.

Tableau n°5 : taux d'inflation moyen par région pendant la crise financière internationale (%)

REGIONS ECONOMIQUES		2008	2009
SADC	SADC (hors CMA)	11,52	13,00
	CMA	11,33	7,89
CEDEAO	UEMOA (zone CFA)	8,78	1,44
	ZMAO	13,16	10,02
CEMAC (zone CFA)		6,42	5,04
EAC		14,11	11,96
UAM (Union Arabe du Maghreb)		6,31	3,07
	Source: IMF, data base,2010		

Les données statistiques et les études économétriques nous permettent donc d'affirmer que les zones monétaires contribuent significativement à la croissance économique en Afrique ; elles y confirment la théorie économique.

3.2. Les performances économiques en Europe

En Europe, la théorie économique est également confirmée ; plusieurs études d'économistes réalisées par des économistes et les données statistiques publiée par l'OCDE, la banque mondiale et l'Union européenne elle-même, indiquent que les 19 pays- membres de l'Union Monétaire Européenne, c'est-à-dire ceux qui partagent l'euro comme monnaie commune, ont réalisé de bien meilleures performances économiques que ceux demeurés en dehors de l'Union européenne et des autres pays de l'Europe, en général.

VI.. LES CRITIQUES CONTRE LA ZONE MONÉTAIRE OPTIMALE

Selon la théorie de la zone monétaire optimale, former une zone monétaire optimale implique la mise en place d'un processus de formation d'espace économique en vue d'optimiser les bénéfices et coûts de cette zone monétaire. Même si l'analyse coûts/ bénéfices permet d'évaluer, dans une certaine mesure, les implications de la formation d'une zone monétaire, certains économistes reconnaissent que les résultats demeurent quelque fois nuancés : « ni la théorie ni les études empiriques n'apportent, clairement et de façon très significative, de preuve concernant le solde entre coûts et bénéfices d'une zone monétaire » ; en plus, certains critères sont difficilement quantifiables.

Ainsi, malgré son impact certain sur l'économie, la formation de zone monétaire a fait l'objet d'un certain nombre de critiques de la part de certains économistes.

Krugman (1995) relève que l'ouverture de marché (sur l'extérieur) pouvant conduire à la spécialisation de la production, les autres pays, partenaires commerciaux ou non de la zone monétaire, pourraient très bien regrouper leurs industries « pour bénéficier d'effets d'économie d'échelle et concurrencer les pays membres de la zone monétaire ».

Malgré une abondante littérature sur le sujet, le même Krugman (1995) observe que la théorie de la zone monétaire optimale s'est davantage concentrée sur les coûts de l'ajustement de la balance des paiements (donc sur les effets macroéconomiques) en régimes de change fixe ou flexible, explorant très peu les bénéfices et coûts au niveau microéconomique.

Les keynésiens et postkeynésiens eux, remettent en cause « l'existence d'une monnaie régulée par une autorité monétaire internationale qui n'a pas l'autorité fiscale nécessaire ». En effet, dans une union monétaire, la monnaie est régulée par une autorité internationale, en l'occurrence, la banque centrale communautaire, alors que la politique fiscale relève du domaine de l'autorité nationale. Ainsi, ils relèvent que séparer la gestion fiscale de la monnaie pose problème. Pour eux, la politique fiscale est le moyen le plus efficace pour lutter contre le chômage. Or, dans une zone monétaire, les leviers fiscaux peuvent être interdits à un État - membre, à travers une limitation de déficits, au niveau communautaire, par exemple. De plus, ils considèrent que la politique fiscale est plus efficace que la politique monétaire.

On peut, toutefois relever, que dans une zone monétaire, contrairement à la thèse keynésienne, il est possible aux États- membres d'harmoniser leurs préférences politiques en matière fiscale de sorte à adopter une politique fiscale communautaire optimale au même titre que la politique monétaire communautaire conduite par la banque centrale communautaire.

Par ailleurs, l'analyse coût/bénéfice qui permet d'apprécier les avantages d'une zone monétaire, donne des résultats plus ou moins nuancés : « Neither the theory nor the empirical work provides clear evidence on the balance of those costs and benefits ». En plus, certaines des données relatives au coûts et bénéfices sont difficilement quantifiables.

Blanchard et katz (1992) ont démontré, dans une étude , qu'aux États –Unis, les chocs asymétriques sur l'emploi sont « en grande partie absorbés par la migration interne de la main d'œuvre : la baisse d'un point de la demande de travail dans une région se traduit à l'horizon d'un an, par une migration nette de 0, 65 point, une baisse du taux d'activité de 0, 05 et une hausse du chômage de 0,30. Après sept ans, on observe un retour à l'équilibre tant du taux de chômage que du taux d'activité économique. ». Selon ces auteurs, cet ajustement est pratiquement inexistant dans la zone euro avec un taux de migration inter-régionale de 1% contre 2% à 3% aux États-Unis. Le différentiel de taux de migration est dû aux rigidités et cloisonnement des marchés et aux facteurs culturels et linguistiques dans l'Union européenne.

Mais, ces différentes critiques - si rationnelles soient-elles - ne peuvent, en réalité, remettre en cause l'impact significatif de la zone monétaire (efficiente) optimale sur l'économie. Il en est donc ainsi de la zone monétaire CEDEAO pour laquelle nous argumenterons particulièrement davantage, dans le troisième chapitre.

CHAPITRE DEUXIÈME

LA LOGIQUE POLITIQUE CONTRPRODUCTIVE CONTRARIANT LA RATIONALITÉ ÉCONOMIQUE DANS LA FORMATION DE LA ZONE CEDEAO

La décision des chefs d'États de la CEDEAO, en octobre 2020 qui a reporté la mise en circulation de l'éco, la monnaie commune, puis celle de Juillet 2921 qui a fixé la nouvelle échéance à 2027, montrent bien leur manque de convergence de point de vue sur le sujet pour lequel ils avaient pourtant arrêté une période précise, moins de deux an auparavant. Qu'est-ce qui a pu bien changer fondamentalement dans les économies des pays de la CEDEAO pour qu'une telle décision, très lourde de conséquences sur le destin des peuples de la sous –région, soit prise ? Les conséquences de la pandémie du Coronavirus (CODIV-19) y sont sans doute pour quelque chose. Les données statistiques relatives aux agrégats et indicateurs économiques donnent un taux de croissance négatif variant entre – 3% et -6% en Afrique. « Au vu de la dégradation de la situation économique générale », on a estimé que les fameux critères de convergence – comme toujours depuis 1987- ne pourront pas être réalisés. Et on a donc jugé utile de reporter la mise en circulation de l'éco – en attendant peut-être aux calendes grecques- à l'échéance 2027.

Mais, la crise provoquée par la pandémie ne peut expliquer tout. En prenant une telle décision, on a refusé d'utiliser justement, l'instrument monétaire au niveau communautaire, sans fondement scientifique véritable. On a fait fi des effets significatifs d'un tel instrument et du rôle plus efficace qu'il devait jouer au bénéfice de tous, dans la cadre de la zone monétaire CEDEAO. Ici encore, comme à la dévaluation de franc CFA en 1994, on a pris une décision de politique économique basée sur des considérations politiques et des concepts économiques controversés voire erronés (cf., Djelhi –Yahot, 2017,2019), en l'occurrence, les critères de convergence macroéconomique dont le moins qu'on puisse dire est qu'ils sont fragiles et leur application, contreproductive.

I. DES CONSIDÈRATIONS POLITIQUES CONTREPRODUCTIVES

Quand on sait que dans les années décennies 70 et 80, des pays comme le Ghana, le Libéria, et même le Nigéria(?) ont effleuré l'idée d'intégrer la zone monétaire CFA, surtout après le retour, en 1984, du Mali –socialo communiste du Président Modibo Kéita qui en était sorti en 1962- il parait difficile de croire que seuls des arguments techniques fondés, sur les critères de convergence macroéconomiques, sont à l'origine du report de la mise en circulation de l'éco, la monnaie commune CEDEAO. À ces périodes antérieures, les multiples coups d'États, à répétition au Ghana et au Nigéria et la longue guerre civile et son cortège de coups de force militaires au Libéria n'ont pas permis l'adhésion de ces pays à la zone monétaire UEMOA. Il y a eu aussi - sans aucun doute - la main invisible des anglo-saxons (États-Unis et Royaume –Uni) qui n'entendaient pas laisser filer les pays de leur zone d'influence dans le pré carré français. Mais, la rationalité économique poussant, tous les pays de la sous – région ont décidé en 1987, la formation de la zone monétaire CEDEAO, après la création de celle-ci en 1975.

Mais, les pesanteurs politiques et les coups d'État militaires dans ces pays anglophones – avec des militaires qui ne comprennent strictement rien à la gestion économique d'un pays – et les antagonismes de leadership, la progression vers la zone monétaire CEDEAO prend du plomb dans l'aile.

Toutefois, les pays anglophones (Ghana, Gambie, Libéria, Nigeria, Sierra Leone) et la Guinée-Conakry - pays francophone non membres de l'ex-UEMOA – vont s'organiser en espace économique, en attendant l'avènement de la zone monétaire CEDEAO. Ils créent en 1990, la Zone

Monétaire de l'Afrique de l'Ouest (ZMAO) qui est, en réalité, un simple espace économique, et non une zone monétaire, puisque ses pays - membres conservent leurs banques centrales et gardent leurs monnaies respectives. La stratégie pour ces pays, c'est de se regrouper, pour pouvoir peser davantage face à l'ex-UEMOA, dans le processus de création de la zone monétaire CEDEAO qui va d'ailleurs prendre un coup d'accélérateur, avec le Traité d'Abuja de 1991 préconisant la formation d'une zone monétaire à l'échelle du continent africain, à partir d'unions monétaires régionales existantes ou à créer, dans chaque sous-région africaine.

Or, l'on sait qu'à la Conférence des chefs d'État, le 22 décembre 2018, à Abuja, mandat avait été donné à la Commission Économique de la CEDEAO de constituer un groupe de travail sur la monnaie CEDEAO (présentation faciale, graphisme, signe monétaire, format etc.) et que le 29 juin 2019, à Abidjan, les mêmes chefs d'État avaient adopté l'éco, comme monnaie commune de la CEDEAO. Techniquement, tout semblait prêt pour la mise en circulation de l'éco, comme initialement prévu, au troisième trimestre de l'année 2020.

Le volte-face des chefs d'État sur la période convenue procède de palabres de leadership, donc de politique politicienne. La Ghana et le Nigeria ont reproché –à tort- à la Côte d'Ivoire de s'approprier le processus, de vouloir aller trop vite en besogne et d'avoir voulu accélérer le processus de mise en circulation de l'éco, avec le soutien de la France. Or, il n'en était rien, dans la réalité. Pour aller à l'éco, les pays de l'ex-UEMOA devaient mettre fin à leur coopération monétaire de plusieurs décennies, avec la France et l'Union européenne via la France. Et le Président Ouattara, présidant en ce moment-là l'ex-UEMOA, avait toute légitimité, pour mener les négociations avec les partenaires européens. Dans ces négociations de rupture de coopération, avec la France et l'Union européenne, les autres pays de la CEDEAO (membres de la ZMAO), parce que non membres de l'ex-UEMOA, ne pouvaient pas être parties prenantes. Mais, les activistes soi-disant panafricanistes, profanes en économie – qui font plus de tort que de bien à l'Afrique en la matière – et quelques économistes idéologues n'ayant pas renouvelé leurs connaissances en économie monétaire ont bruyamment protesté et tiré à boulet rouge sur le président Ouattara ; ses pairs du Ghana (seconde économie dans la CEDEAO) et du Nigeria (première puissance économique de la sous-région) ont fait savoir, publiquement, leur désaccord avec la Côte d'Ivoire, sur le processus, fragilisant du coup la position de celle-ci. Cet incident, apparemment mineur, a malheureusement précédé et préparé le report de la mise en circulation de l'éco et du début du fonctionnement de la zone monétaire CEDEAO en 2020. L'argument, évoquant les critères de convergence non encore réalisés, n'était qu'un alibi, fondé de surcroit sur des critères qui sont, du reste, irrationnels et antiéconomiques, fragiles ou répressifs (voir plus loin).

La vérité c'est que, entre autres, le Nigéria, la plus grande économie au sein de la CEDEAO(avec 60% du PIB de l'union, de surcroit grand producteur de pétrole), a du mal à gérer, de façon collégiale, ses réserves extérieures, environ 40 milliards de dollars américains en 2019, avec les 7 milliards de dollars américains de réserves pour le Ghana, les 6 milliards de dollars américains de réserves extérieures pour la Côte d'Ivoire et celles, presque insignifiantes individuellement, des autres pays de la future zone monétaire CEDEAO.

Or, nous avons déjà expliqué l'impact significatif de l'existence ou de la formation d'une zone monétaire efficiente (optimale) sur l'économie d'un pays. Sans être véritablement optimale(efficiente), la zone monétaire CEDEAO le deviendrait, par la dynamique des effets d'endogenéité, à partir de son fonctionnement effectif.

On peut, par conséquent, mesurer les énormes coûts d'opportunités occasionnés aux économies de la sous-région, par la décision politique contreproductive du report de la mie en circulation de l'éco, décision qui contrarie la rationalité économique et ralentit le développement économique en Afrique de l'Ouest voire en Afrique tout entière, par des répercussions négatives sur le processus de création de la zone monétaire continentale.

Le report de la mise en circulation de l'éco, la monnaie commune, consacre la victoire de la politique politicienne subjective sur la rationalité économique et retarde, un peu plus, le processus de développement en Afrique de l'Ouest. Il illustre aussi la position politique de certains chefs d'État africains qui refusent l'application correcte et opportune du Traité d'Abuja de 1991, dans le délai imparti, délai qui d'ailleurs n'a plus de sens, depuis les années 1998-2000, en raison du principe d'endogenéité. Pour eux, le rythme de progression vers le développement ne compte vraiment pas. Seuls le maintien ou l'accentuation de leur leadership personnel et de leurs pays (peu importe, s'ils demeurent sous-développés) comptent. Les conséquences sur le destin de leurs peuples également importent peu. Dans ces conditions, on peut affirmer que les pays africains ont encore beaucoup de chemin à parcourir pour pouvoir atteindre le stade du développement si l'on se réfère aux étapes du développement de Rostow (1960) et aux critères de PIB par habitant des institutions de Bretton Woods relatifs au classement des pays. À l'exception de l'Afrique du Sud, seul pays africain émergent, au moment où nous écrivons ces lignes en 2021, personne ne peut faire de prévision raisonnable quant au développement économique de ces pays africains, pas même à très long terme.

II. LES CRITÈRES DE CONVERGENCE MACROÉCONOMIQUE FRAGILES, IRRATIONNELS ET ANTIÉCONOMIQUES OU RÉPRESSIFS

L'absence de réalisation des fameux critères de convergence macroéconomique, évoquée officiellement par les chefs d'État, pour reporter le début du fonctionnement de la zone monétaire CEDEAO à l'année 2027, est infondée pour la simple raison que ces critères sont, eux-mêmes, soit fragiles ou répressifs, soit irrationnels ou antiéconomiques. En effet, une bonne décision basée sur des informations ou des préceptes erronés, comme c'est principalement le cas ici, ne peut que produire des résultats désastreux. Or, la plupart des critères de convergence macroéconomique auxquels les présidents africains se sont référés, pour reporter le début du fonctionnement de la zone monétaire CEDEAO, sont, comme indiqué ci-avant, scientifiquement fragiles, répressifs ou erronés et anti économiques. En effet, en juin 2016, les critères de convergence macroéconomique de l'ex-UEMOA et de la ZMAO ont été fusionnés pour donner les six critères de convergence macroéconomique de la zone CEDEAO ; ils sont constitués de deux rangs différents.

Les critères de premier rang sont :

- le déficit budgétaire/ PIB < 3% ;

- l'inflation moyenne < 5% ;

- les réserves extérieures > 3 mois d'importations.

Les critères de second rang sont constitués par :

- le ratio dette publique / PIB < 70 %

- le financement du déficit budgétaire par la banque centrale < 10% des recettes fiscales de l'année précédente ;

- la variation du taux de change nominal : + ou – 10%.

En effet, dans le processus d'intégration monétaire, on a identifié, pour des unions et espaces économiques (ex-UEMOA, CEMAC, CEDEAO, UE) des critères appelés « critères de convergence macroéconomique », pour permettre, aux différentes économies d'être au même niveau de développement, c'est-à-dire réaliser la similarité des économies des pays - membres. La recherche de similarité est tout à fait rationnel. Ce qui ne l'est pas, c'est la conception de certains de ces critères de convergence qui, scientifiquement, sont fragiles, répressifs ou erronés ; la conséquence est triple :

- on ignore la vingtaine des critères scientifiques élaborés par la théorie économique ;

- les expériences de zones monétaires que constituent l'Union européenne, l'ex-UEMOA et la CEMAC dans la zone CFA, peinent à devenir de véritables unions monétaires à impact plus significatif ;

- la zone monétaire CEDAO ne peut démarrer depuis 33 ans parce que les pays - membres n'arrivent pas à réaliser ex-ante, les critères qu'ils se donnés eux-mêmes.

À ces toutes difficultés, on peut trouver, au moins, quatre explications :

- certains critères de convergence macroéconomique retenus sont inadéquats ou erronés, du point de vue de la rationalité économique ;

- on ne s'est pas posé de question sur la rationalité des critères de convergence macroéconomique retenus et l'efficacité de leur application depuis plusieurs années ;

- Seuls quelques critères rationnels sont pris en compte, mais, ils dont mal appliqués ;

- la large majorité des critères scientifiques élaborés par la théorie économique sont pratiquement ignorés.

Ainsi, le processus d'intégration de la CEDEAO pour en faire une véritable zone monétaire efficiente demeure toujours laborieux. Il est donc urgent de corriger toutes ces faiblesses avant son intégration dans la future zone monétaire africaine, prévue par le Traité d'Abuja de 1991 à appliquer immédiatement, sans délai par vertu d'endogénéité et dont le processus de formation a été actualisé et renforcé par le traité créant la ZLECA en 2018. Mais, quelles sont les faiblesses de ces critères de convergence macroéconomique?

La fixation du déficit budgétaire à 3% au plus du PIB, le maintien du taux d'inflation en dessous de 5%, le taux d'endettement fixé à 70% sont autant d'obstacles qui retardent inutilement le processus de développement des pays membres de la CEDEAO. Les réserves extérieures pour trois mois d'importations sont rationnelles, mais non maitrisables ; le taux d'inflation de 5% au plus est répressif pour les économies et le financement des déficits, par la banque centrale, à hauteur de 10% des recettes fiscales de chaque pays, est insuffisant et corresponds plutôt au seigneuriage international.

2.1. Le ratio solde budgétaire / PIB de 3 %

La fixation du ratio solde budgétaire/ PIB à 3 % qui ne peut être expliquée, du point de vue du raisonnement économique, bloque inutilement la progression des économies dans l'Union européenne et en Afrique en y réduisant considérablement les effets des multiplicateurs keynésiens et de crédit. Or, Keynes et les keynésiens démontrent qu'exécuter un budget en déficit est tout à fait rationnel économiquement et le recommandent (cf. multiplicateur keynésien et théorème de Haavelmo).

En application de cette théorie keynésienne, le professeur Raymond Barre, en tant que Premier Ministre et Ministre de l'économie et des finances de France (1976-1981), avait toujours fait voter et exécuter le budget de l'État français en déficit sous son gouvernement.

Le PIB étant la somme de toutes les richesses créées dans une économie pendant une année, et le budget de l'État, la part de cette somme de richesses collectée de force par l'État, il est tout à fait logique de calculer (en pourcentage) le montant des dépenses par rapport aux ressources pour savoir si le budget a été exécuté en équilibre (dépenses = recettes) ou en déficit (dépenses > recettes). Mais, comparer le solde budgétaire (recettes moins dépenses) par rapport au PIB n'explique rien - du moins - du point de vue de la performance économique d'un pays. En faire un critère de convergence macroéconomique, n'a donc aucun sens sur le terrain proprement scientifique. L'on comprend bien pourquoi, depuis les années 2010, des pays de l'Union européenne (Italie, Grèce, France etc.), soumis à cette contrainte draconienne ou tentant de la respecter, ont du mal à retrouver le chemin d'une véritable croissance économique.

2.2. Le maintien du taux d'inflation en dessous de 5 %

Le taux d'inflation maintenu à 5 % au maximum dans la CEDEAO, par la pratique d'un taux directeur élevé (donc répressif), par référence à la courbe de Phillips, crée en contrepartie, du chômage dans l'union ; en Afrique, le taux de chômage moyen de 13% est particulièrement élevé, malgré une situation inflationniste persistante (cf. document

CNUCED). Or, le plein-emploi ou le taux de chômage moyen au voisinage du plein-emploi (entre 3 % et 5 %), le taux d'inflation moyen en dessous de 3% et le taux directeur de la FED (la banque centrale américaine) variant entre 0,09% et 4,25 % aux USA depuis 1995 (à l'exception de 2020 pour cause de CODIV-19), confirment la thèse monétariste que la courbe de Phillips ne joue pas, à long terme et prouvent qu'il est possible d'obtenir un taux d'inflation bas par la pratique d'un taux directeur bas, non répressif qui stimule l'investissement , donc la croissance économique. Même si la similarité de taux d'inflation est également un facteur déterminant pour la formation de zone monétaire optimale(efficiente)(nous le verrons plus loin),il doit se situer à un niveau raisonnable tel qu'il ne soit pas répressif pour éviter de provoquer un taux de chômage élevé((cf., courbe de Phillips). Il s'agit donc de trouver un trade-off raisonnable entre taux d'inflation similaires et taux de chômage.

2.3. Les réserves extérieures permettant au moins trois mois d'importations

Ce critère qui assure la capacité financière d'importations des pays de la CEDEAO pendant une période de trois mois, implique un minimum de garantie et de stabilité d'importation, ne serait-ce que pour la période prise en compte. Mais, le problème, c'est qu'il s'agit d'une variable exogène non maitrisable par les États –membres de la CEDEAO ; il dépend des recettes d'exportations, elles – mêmes sujettes aux aléas climatiques (pour les matières premières agricoles surtout) et à la variation des prix sur le marché international etc. Il semble donc difficile d'en faire un facteur déterminant fiable de la formation de la zone monétaire CEDEAO.

2.4. Le plafond d'endettement de 70 %

« L'efficacité de l'endettement d'un pays (...) a fait l'objet de débats chez les économistes depuis les années 1970. De façon générale, ils ont abouti à la conclusion que la détermination d'un niveau optimal d'endettement est nécessaire pour que son remboursement n'ait pas d'effets négatifs sur la croissance économique » (Djelhi-Yahot, 2017).

Ainsi, Barro (1979) préconise qu'un niveau soutenable de l'épargne de précaution détermine le niveau optimal de d'endettement.

Mais, Lucas et Stokey (1983) soutiennent que « la dette varie autour d'une valeur stationnaire qui est une fonction monétaire de la dette initiale ».

Crettez (2003) argumente que l'endettement public acceptable est celui qui reste compatible avec un fonctionnement effectif de l'économie.

Bachellerie (2005), lui, parie sur la stabilisation pour prévenir une crise de dette souveraine quand la dette publique d'un pays augmente sur plusieurs années. À cet effet, il détermine l'excédent budgétaire primaire nécessaire à la stabilisation du ratio dette / PIB ; et « la différence avec l'excédent primaire réalisé correspond à l'écart sur l'ajustement budgétaire. ». Si ce dernier est positif, la dette doit être considérée comme insoutenable. Le taux d'imposition requis pour assurer la stabilisation du ratio dette/PIB, et un écart entre le taux d'équilibre et le taux d'imposition effectif implique que la dette est insoutenable.

Alfaro, Laura et Fabio (2007), et Kunzuk (2006) traitent l'optimalité de la dette en raisonnant en termes de court et long termes, respectivement, pour les pays émergents (Brésil) et les pays développés (USA). Ils calculent alors l'amortissement de la dette sur la période de remboursement et indiquent que les avantages de transfert de fonds (grâce à la dette) sont anéantis par les taux d'intérêts généralement élevés. Ils en tirent la conclusion que la soutenabilité de la dette est fonction de la maturité de l'économie du pays considéré. Ainsi, ces auteurs soutiennent que, dans les petites économies, la dette à court terme est plus soutenable et associée à un niveau de bien-être bien plus élevé que la dette à long terme.

Nasser A. Tanimoune et J. L. Combes (2005), eux, ont déterminé l'effet de la politique budgétaire sur l'activité économique, à partir de l'output-gap, c'est-à-dire l'écart entre PIB et PIB potentiel, en prenant en compte les effets non linéaires de la politique budgétaire. Par la suite, ils ont procédé à des tests sur l'existence de différents régimes budgétaires soumis (contraints) au taux d'endettement public ; ils ont alors abouti aux conclusions suivantes :

- pour un niveau d'endettement inférieur à un seuil, le régime est keynésien ; cela veut dire, en d'autres termes, qu'une contraction budgétaire provoque une récession dans l'économie;

- pour un taux d'endettement supérieur au seuil, le régime est anti-keynésien, ce qui implique une contraction budgétaire neutre ou favorable à activité économique.

Dans une étude concernant les pays de l'ex-UEMOA, sur la période 1986-2002, les deux économistes ont déterminé un seuil d'endettement de 83% de l'effort budgétaire sur l'output – gap.

En réalité, le seul niveau d'endettement ne peut permettre d'apprécier la solvabilité d'un pays (nous le verrons plus loin, dans le livre). Malheureusement, les pays de l'ex-UEMOA se sont cramponnés à ce critère pour le fixer à 70%.

Fixer le taux d'endettement maximum à 70 %, c'est priver les pays africains de l'ex-UEMOA de la possibilité de bénéficier de davantage de sources de financement extérieur, sans prendre en compte leur capacité réelle de remboursement ; par comparaison, sur la période 2010 - 2016, le taux d'endettement est nettement plus élevé aux États-Unis d'Amérique variant entre 94,2 % et 106,2 % du PIB, en France avec un taux passant de 81,6 % à 96 % du PIB et au Japon avec des proportions hors norme de 215,82% à 246,6 % du PIB tels que présentés dans le tableau n° 5, ci-après.

Tableau n° 5: taux d'endettement des USA, de la France et du Japon en % du PIB de 2010 à 2016.

Années	2010	2011	2012	2013	2014	2015	2016
USA	94,2	98,7	103,6	104,5	103	106,52	106,2
FRANCE	81,6	85 ,2	89,5	92,3	94,9	95,6	96
JAPON	215,82	229,71	236,65	242,82	246,17	245,90	246,6

Source : FMI

Les taux d'endettement public très élevés du Japon ne lui posent pourtant pas de problème particulier ; en effet, ils n'exposent pas le pays au risque de défaut de paiement. L'explication réside dans la structure de la dette nippone qui est détenue très majoritairement (environ 80 %) par les japonais eux-mêmes : par exemple, en septembre 2016, selon le ministère des Finances japonais, cette dette était détenue dans les proportions suivantes :

- 36,7 % par la Banque du Japon ;
- 24,7 % par les institutions financières du Japon ;
- 21,8 % par les assureurs locaux ;
- 6,7 % par les étrangers ;
- 10,1 % par les fonds de pension publics et privés, les ménages et autres.

Au contraire de la France où la part des créanciers étrangers représente environ 60 % de l'encours de la dette publique, elle est de 6,7 % au Japon. La conséquence logique d'une telle structure de dette, c'est que le pays est à l'abri d'une situation catastrophique conduisant des investisseurs étrangers à fuir le pays, par crainte de son éventuelle incapacité à rembourser la dette publique. En plus, l'économie nipponne tourne correctement ; il n'y a donc pas de raison que l'État ne puisse pas faire face à ses obligations vis-à-vis des créanciers internes. De plus, le remboursement de la dette publique japonaise est réinjecté, dans une très large proportion, dans l'économie nationale. Même l'hypothèse irréaliste et invraisemblable d'incapacité de rembourser la dette extérieure japonaise porterait seulement sur la petite portion de 6,7% ; ceci implique qu'une baisse ou une suspension des sources de financement extérieur ne provoquerait pratiquement pas grand dommage à l'économie domestique du pays.

Cet exemple du Japon montre bien que plafonner à 70 % le taux d'endettement des pays de la zone CEDEAO, sans tenir compte de leur capacité individuelle de remboursement et de la structure de la dette de chaque pays, peut être préjudiciable aux pays-membres qui ne courent aucun risque de défaut de paiement, au-delà de ce niveau d'endettement.

Or, appliquer un taux d'endettement en dessous de la capacité d'endettement d'un pays, c'est y maintenir à la fois un état de sous-emploi des facteurs de production et y contrarier les effets des multiplicateurs keynésiens et du crédit.

À partir du cas du Japon, l'on peut tirer les enseignements que quand la quasi-totalité des créanciers d'un pays sont nationaux, il n'y a pratiquement pas de « fuite » de capitaux sous forme de rapatriement de capitaux à l'étranger, au titre du paiement du service de la dette.

Mais, le mécanisme est différent pour la plupart des pays en développement dont une large proportion de la dette est d'origine extérieure. Dans ce cas, ce n'est plus tellement, entre autres, le niveau du taux d'endettement acceptable qu'il faut considérer, mais, le ratio de la dette extérieure, c'est-à-dire

dette extérieure / PIB

et le montant du service de la dette extérieure. En effet, quand on sait qu'à « un taux d'intérêt de 5 %, le capital initial prêté double tous les quatorze (14) ans », il parait plus rationnel d'éviter autant que possible, une proportion importante du capital étranger dans la structure d'endettement des pays, particulièrement ceux en développement. Autrement, on hypothèque dangereusement le bien-être des générations futures si l'on accepte l'idée que le ratio

dette / PIB

a un sens du point de vue de la logique économique et traduit la réalité économique. Or, comme nous l'avons expliqué dans un précédent livre intitulé *L'endettement international : mythe ou réalité en Afrique* (publié chez l'Harmattan, Paris), ce ratio ne peut traduire la réalité économique ; mieux, l'endettement (dette extérieure et dette intérieure) ne pose aucun problème aux pays débiteurs s'il est rentabilisé, comme nous le rappellerons plus loin.

Mais, pour l'heure, contentons-nous de mentionner les différentes analyses faites par plusieurs économistes sur les effets négatifs de la dette extérieure sur l'économie nationale d'un pays.

Fry (1989) explique » qu'en situation de répression financière, l'accumulation de la dette extérieure réduit l'investissement interne ». L'accumulation de la dette extérieure d'un pays peut également décourager l'investissement interne puisqu'elle implique une augmentation éventuelle d'impôts pour faire face au remboursement futur de dette.

Anne Krueger (1987) relève que « quand les montants du service de la dette sont élevés, les ressources publiques croissantes en vue de faire face aux obligations pourraient dissiper les incitations à investir et réduire les ressources disponibles pour le secteur privé ».

Selon Aeton (1987), en cas d'accumulation de la dette extérieure, les ménages redoutant et anticipant des charges fiscales plus élevées, en vue du paiement du service de la dette, auraient une forte tendance à transférer leurs encaisses à l'étranger.

Ricardo (1810) avait déjà prédit, au début du XIX ième siècle, une telle situation « pour le contribuable tenté de se déplacer ou déplacer son capital dans un autre pays où il pourrait être exempté de pareilles charges, puisque la tentation devient irrésistible et dépasse la résistance naturelle de chaque individu pour ne pas quitter son pays »

Fry (1989) assure que les épargnants nationaux pourraient considérer l'accumulation de la dette extérieure comme un motif de stimulation de l'État à encourager les exportations. Ce qui entrainerait une dépréciation du taux de change réel. La conséquence, c'est que le rendement des avoirs détenus à l'étranger serait plus élevé que le rendement des encaisses détenues au niveau national, ce qui provoquerait une fuite des capitaux, qui, quelle que sa forme, réduit l'épargne nationale.

En matière d'endettement, ce qui compte donc, c'est à la fois la capacité de remboursement du pays, la structure de l'endettement, et de nombreux autres facteurs (cf. paragraphes suivants), et non uniquement le taux d'endettement : tant qu'un pays est en mesure de rembourser ses dettes, il peut s'endetter. Avec ses taux d'endettement vertigineux (cf. tableau n° 5), le Japon est demeuré, pendant de nombreuses décennies, et ce jusqu'en 2017, la seconde économie du monde, en termes de PIB, derrière l'économie américaine, avant de décaler d'un rang au profit de la Chine en 2016. Malgré leurs taux d'endettement élevés, par exemple sur la période 2010-2016 (cf. Tableau n° 1), les États–Unis d'Amérique réalisent les meilleures performances économiques depuis plus d'un quart de siècle, avec un taux de croissance économique variant entre 2,86 % et 4,56 %, un marché du travail de plein-emploi ou au voisinage du plein – emploi (entre 3% et 5 %) et un taux d'inflation bas se situant entre 1,58 % et 2,63 %(exception faite de la crise provoquée par la CODIV-19 en 2020 où l'économie américaine a d'ailleurs remarquablement résisté aux chocs)..

Ainsi, le taux d'endettement élevé n'a pas d'impact véritablement négatif sur l'économie américaine. À cela, trois principales explications : la composition de la dette fédérale américaine et l'importance de l'investissement américain à l'étranger et le différentiel de taux de rémunération des investissements américains et des investissements étrangers dans l'économie américaine.

En effet, la dette publique fédérale américaine (qui n'inclut pas les dettes des États et des collectivités locales), est constituée de la dette détenue par le public et est :

- soit placée sur le marché, c'est la dette de marché, c'est-à-dire les bons du Trésor américain destinés au public, sous forme d'obligations à long terme (Treasury bond), d'obligations à moyen terme (Treasury note) et d'obligations à court terme (Treasury bill) ;

- soit rachetée par le FED (la banque centrale fédérale américaine) qui détient environ 20 % de la dette publique fédérale américaine.

L'autre partie de cette dette publique américaine (47% - 50% selon l'année) est détenue par les étrangers dont la moitié (25%) revient aux créanciers chinois, 20% au japonais, 7% aux britanniques etc.

Le taux d'endettement élevé ne pose pas de véritable problème aux États – Unis parce qu'une bonne moitié de la dette est détenue par les créanciers nationaux, ce qui réduit considérablement la probabilité de risque de défaut vis - à - vis de l'extérieur. Les bons du Trésor américain inspirent confiance aux créanciers, surtout nationaux, du fait de la solidité et des performances remarquables de l'économie américaine qui, naturellement, mettent le pays également à l'abri du défaut de paiement envers les créanciers nationaux. Ces bons étant négociables, leurs détenteurs peuvent les céder à tout moment.

La seconde explication de l'effet pratiquement nul « du surendettement » des États-Unis sur leur économie, se trouve dans deux facteurs :

- le flux très important d'investissements américains à l'étranger qui compense largement le volume de l'endettement extérieur ;

- l'afflux important sous forme de rapatriement de dividendes, dans l'économie américaine.

La troisième explication tient au différentiel entre le taux d'intérêt plus élevé (du marché) sur les investissements américains à l'étranger et le taux d'intérêt plus bas rémunérant les bons du Trésor américain ; A ce propos, Paul Krugman (2012), dans un article intitulé, « Nobody understands debt », publié dans T*he New York Time,* du 4

Février 2012, traduit bien la situation favorable à l'économie américaine: « It is true that foreigners now hold large claims on the United States, including a fair amount of government debt.. But every dollar's worth of foreign claims on America is matched by 89 cents' worth of U.S. claims on foreigners. And because foreigners tend to put their U.S. investments into safe, low-yield – assets, America actually earns more from its assets abroad than it pays to foreign investors ».

Comme on peut le constater, aussi bien dans l'économie américaine que dans l'économie nipponne, ce qu'il faut prendre en compte, en matière d'endettement, c'est moins le taux d'endettement que la structure de la dette (parts des dettes externes et internes par rapport à celle de la dette totale), le gain en termes de dividendes procurés par les investissements directs à l'étranger (éventuellement) et bien d'autres facteurs (cf. paragraphes suivants). Effectivement, Sims (2001) indique que la moitié des défauts de paiement, entre 1970 et 2001, ont eu lieu dans les régions du monde où le ratio de la dette (dette / PIB) ne dépasse pas 60%. Ce qui suppose que retenir, dans le cadre de la zone monétaire CEDEAO, comme niveau maximal de 70% de taux d'endettement, ne met pas nécessairement les pays - membres à l'abri d'une crise de d'endettement.

Considérer principalement le taux d'endettement comme facteur de risque de défaut d'un pays n'est donc pas toujours fondé tant du point de vue empirique que théorique, même si Giavazzi et Pagano (1990) et Detragiache (1996) considèrent le service de la dette et les problèmes de liquidité comme les principaux facteurs du déclenchement de la crise de la dette.

Krugman (1979) soutenait, un peu plus d'une décennie avant, que « ce sont les mauvaises politiques économiques gouvernementales qui sont à l'origine des crises de la dette ».

Reinhart, Rogoff et Savastano (2003) eux, expliquent - dans ce qu'il est convenu d'appeler le modèle RRS, tiré de la première lettre des noms des trois auteurs - que c'est le facteur historique qui joue un rôle fondamental dans la vulnérabilité en matière de crise d'endettement d'un pays et le conduit à une situation de défaut de paiement. Ainsi, ils ont introduit « le concept de l'intolérance de la dette qui se manifeste par l'extrême âpreté à laquelle sont confrontés de nombreux pays émergeants à des niveaux d'endettement qui sembleraient gérables selon les normes des pays développés ». Ces trois économistes considèrent que « les pays sont plus ou moins vulnérables à une crise de dette selon leurs antécédents de niveau d'inflation et de crédibilité ». Sur la période 1970-2008, ils ont relevé que 50% des pays en défaut de paiement avaient un taux d'endettement extérieur inférieur à 60% quand il était inférieur à 40% pour 19% de ces pays.

Aussi, le modèle RRS a - t - il identifié deux facteurs qui « expliquent l'intolérance de la dette (débt intolérance) d'un pays » :

- l'indice « Institutional Investor Rating (IIR) » qui donne une indication sur le risque de défaut du pays avec une valeur allant de 0 à 100 ;

- et le Ratio de la dette extérieure (dette extérieure / PIB) qui s'apprécie par rapport à son niveau supérieur ou inférieur à 35%, plus de 35 % constituant un cas potentiel de risque de défaut.

L'indice IIR et le ratio de la dette extérieure constituent les éléments de mesure du niveau de l'intolérance de la dette d'un pays.

Ainsi, les trois économistes ont, dans leur étude de 2003, calculé d'abord la moyenne (the mean) et l'écart-type (the standard deviation) du IIR de 53 pays industriels et en développement sur la période 1979-2002 ; puis ils ont utilisé ces statistiques pour classer un plus grand nombre de pays (soit 62) en trois groupes, en fonction de leurs niveaux d'intolérance de dette. Ceci leur a permis de déterminer, selon leurs propres termes, « le club des pays endettés et les régions de vulnérabilité ».

Les pays du premier groupe (club A) présentent un risque de défaut faible avec l'indice IIR > 67,7% et un ratio de dette extérieure (dette extérieure / PIB) < 35. Ceci implique que ses pays ont toujours la possibilité d'avoir recours au marché international.

Le troisième groupe (Club C), avec IIR < 24,2 % et un ratio de dette extérieure > 35, présente un risque de défaut élevé de sorte qu'il ne peut accéder au marché international.

Le second groupe (club B) se subdivise en quatre sous-groupes ayant des régions nettement plus risquées, avec une intolérance de dette plus élevée (24,2 < IIR < 45,9 et le ratio dette externe / PIB > 35 %). Ces pays sont susceptibles de défaut de paiement et peuvent se retrouver dans le troisième groupe.

Le seuil d'intolérance de la dette est donc un indicateur d'insolvabilité (ou de solvabilité) qui permet aux bailleurs de fonds (multilatéraux, bilatéraux) et aux marchés des capitaux de mesurer le degré de risque- pays et aux pays emprunteurs (surtout les pays en développement) d'apprécier leur état de solvabilité ou d'insolvabilité. D'ailleurs, l'étude de Reinhart, Rogoff et Savastano a déterminé, sur la période 1979-2002, les pays susceptibles de défaut de paiement et les régions à risque.

On peut y ajouter d'autres facteurs tels que le degré de dollarisation, le taux d'intérêt à court terme et la structure de la maturation de la dette.

Pour d'autres économistes, « la soutenabilité de la dette publique est aussi bien fonction de la solvabilité que de la liquidité de la monnaie de transaction de la dette, qui peuvent, soit survenir indépendamment l'une de l'autre, soit survenir comme résultante de l'autre ». À cet égard, Jacquet et Sévérino (2004) « soutiennent que la quasi – absence d'instruments de financement à long terme en monnaie locale, dans les pays émergents, les conduit à s'endetter à long terme en devises et à supporter un risque de change potentiellement dévastateur, en cas d'effondrement brutal de la monnaie nationale ».

Et les imperfections de l'information « dans les pays en développement peuvent favoriser les phénomènes de contagion et empêcher d'établir un diagnostic fiable ». Reinhart (2002) établit une relation étroite entre la crise de la monnaie et la probabilité de défaut dans les marchés émergents.

Obstfeld (1985), Cole et Kehoe (1996, 1998, 2000), Cohen et Portes (2003),eux, parlent « de crises d'endettement auto-réalisatrices, à savoir une crise de confiance déclenchée par des indicateurs de fragilité du pays (faiblesse des fondamentaux et déficit primaire) qui provoque une crise de liquidité qui, à son tour, conduit à une difficulté de solvabilité ». Ils démontrent, dans leurs modèles, que les crises de confiance sont provoquées par le comportement des investisseurs. Ils indiquent aussi que le tiers des crises d'endettement enregistrées, dans les années 1990, sont principalement dues à l'existence de spread de taux élevé.

En matière de crise de confiance, l'agence de notation Standard and Poor's (2007) mets l'accent sur les facteurs qualitatifs comme les principaux facteurs du déclenchement des crises de la dette; ce sont principalement : « les chocs de crédibilité, les anticipations auto-réalisatrices, les chocs politiques et les distorsions microéconomiques ».

À partir du modèle du comportement des investisseurs, Weber (2005) explique « l'effet boule de neige de la dette : une hausse de l'aversion au risque des investisseurs augmente les primes de risque et durcit la contrainte budgétaire de la dette souveraine, et le refinancement à des taux élevés, entraine, au cours de la période suivante, une hausse du stock de la dette susceptible de déclencher une dynamique de la dette déstabilisatrice ».

Colmant (2008) parle également de l'effet boule de neige en matière de crise d'endettement, mais provoqué par l'existence de contraintes économiques (…) conduisant à un déficit budgétaire et à un endettement important, et ensuite, « à un cercle vicieux » de gestion de la dette (d'où l'effet boule de neige).

Quant à Oosterlinck (2005), il soutient que l'instabilité politique est un facteur important dans les situations de défaillance, donc de défaut de paiement des pays comme ce fut le cas au Brésil, au Chili, en Grèce, en Espagne et en Turquie.

Manasse, Roubini et Schimmelpfennig (2003) disent que « la période des élections présidentielles accroit la probabilité, pour un pays, de rentrer dans une crise de défaut de paiement ».

De tout le développement qui précède, tant du point de vue théorique qu'empirique, on peut tirer la conclusion que le taux d'endettement maximum de 70 %, imposé dans les pays de la CEDEAO ne peut être véritablement retenu comme principal critère de l'endettement. Il ne peut, non plus, être applicable à tous les pays membres, car l'état de leurs économies respectives, la structure de leurs dettes, la solidité (ou la fragilité) des différents agrégats de leurs économies, leur crédibilité etc. diffèrent d'un pays à l'autre. Le taux d'endettement est donc loin d'être la seule véritable source des crises de la dette (si elle en est une ?) ; tout un ensemble de facteurs importants des crises d'endettement des pays ont été identifiés par la théorie économique et confirmés par les données empiriques.

Mais, les différents effets négatifs de la d'endettement sur le comportement des agents économique (désinvestissement, fuite de capital à l'étranger, effets boule de neige, difficulté de remboursement par l'État lui-même) peuvent être évités si l'on rentabilise la dette, soit par placement sur le marché financier ou boursier, soit par investissement de la dette dans un projet rentable (cf., plus loin).

Par ailleurs, il faut relativiser l'impact négatif de l'accumulation de la dette extérieure sur l'économie d'un pays et sur les sources de financement externes.

En effet, selon les statistiques de la banque Mondiale et du FMI de 2017, les 19 pays les plus endettés, avec leur taux d'endettement, dette / PIB, entre parenthèses) sont : Canada (91,4%), Gambie (91,6%), Jordanie (91,7%), Irlande (95,2), France (94,6%), Singapour (98,2%), Espagne (99%), Barbade(103%),États-Unis(105,8%),Belgique(106,3%),Cypre (106,7),Bhoutan(115,7%),CapeVert(119,3%),Jamaïque(124,3%),Portugal(128,3%),Italie(139,2%),Liban(139,2%), Grèce(178,4%),Japon(248,%°. Parmi ces pays les plus endettés, on note 9 pays en développement et 10 pays développés, naguère donneurs de leçon d'endettement convenable, qui ont réalisé pourtant de bonnes performances économiques, du moins acceptables.

Les pays pauvres antérieurement considérés, à tort, comme surendettés sur la base du taux d'endettement Dette / PIB < 70%, ont recommencé à s'endetter davantage, sans connaitre de grandes difficultés économiques et financières. C'est la preuve que l'endettement n'est pratiquement pas nocif pour un pays tant qu'il n'est pas surendetté et tant que la dette est allouée à des investissements rentables (cf. plus loin).

Scientifiquement, le ratio Dette /PIB ne peut mesurer la solvabilité d'un pays. Le PIB, la somme des richesses créées dans un pays au cours d'une période, généralement un an, est principalement le fait du secteur privé. L'État, de force, fait une ponction, à travers l'impôt, sur le PIB, pour constituer son budget ; Et c'est à partir du budget que l'État finance ses dépenses dont le paiement du service de la dette. Ainsi, la capacité ou l'incapacité de l'État à faire face à sa dette, donc sa solvabilité, est fonction de son budget – une infime partie du PIB- et non du PIB lui-même directement comme ressource financière disponible. Ainsi, le ratio dette / PIB, ne reflète aucunement la réalité économique. Il est irrationnel.

Par ailleurs, William Cline (1984) nuance les effets de l'accumulation de la dette extérieure sur les sources de financement bancaire privées des économies des pays endettés à cause des phénomènes du « moral hazard » (aléa de moralité) et de « adverse selection » (sélection défavorable) auxquels débiteurs et créanciers ont dû faire face pendant ce que l'on a qualifié de grave crise de l'endettement international des années 1980 et 1990 qui s'est révélée, par la suite, avoir été surestimée ou exagérée(cf., *Endettement internationale : mythe ou réalité en Afrique* de Djelhi-Yahot, publié chez les éditions l'Harmattan, Paris).

En réalité, les débiteurs, c'est-à-dire les pays lourdement endettés, n'osaient déclarer le défaut de paiement pour éviter que cela ne conduise à fermer totalement le robinet du financement international de leurs économies, en difficulté financière. Le Pérou en 1986, la Côte d'Ivoire et le Brésil en 1987, avaient seulement décidé des moratoires sur le paiement partiel ou total de leur dette extérieure. Ils craignaient, en effet, « leur éviction des systèmes de crédit commerciaux à court terme qui sont essentiels à leurs échanges commerciaux avec l'extérieur ».

Dans leurs modèles de répudiation, Aeton et Gerovitch (1981) expliquent bien que « les pays débiteurs craignaient une double sanction de la part de leurs propres créanciers et de la communauté financière internationale tout entière ».

Sur le plan intérieur, ils voulaient éviter la perte de leur crédibilité sur le marché financier interne qui pourrait provoquer une hausse du taux d'intérêt sur la dette domestique.

De leur côté, les créanciers, à travers le principe de rééchelonnement et de conversion de la dette (Plan Baker, Plan Brady, Club de Paris, Club de Londres), les divers mécanismes de réduction de la dette (Plan Brady, Termes de Toronto, Termes de Naples, PPTE), les opérations de vente et de rachat sur le marché secondaire de la dette à partir de 1985, le provisionnement pour créances douteuses (par les banques privées), contribuaient à résoudre le problème de la dette. Mieux, les créanciers, y compris privés, continuaient à prêter aux pays débiteurs, même lourdement endettés pour leur permettre d'éviter la répudiation ou le défaut de paiement. William Cline(1984) a expliqué la rationalité de leur comportement :

Soit, P_0, la probabilité de défaut avant le nouveau financement

P_t, la probabilité de défaut après le nouveau financement

L, la valeur monétaire du nouveau prêt

D, le stock d'endettement préalable au nouveau financement

E(B), le bénéfice anticipé

E(C), le coût anticipé du nouveau prêt

N(B), le bénéfice net du crédit additionnel.

Le bénéfice anticipé se calcule de la façon suivante :

$$E(B) = (P_o - P_1)\, D$$

Le coût anticipé du nouveau prêt est égal à =

$$E(C) = P_t \, . \, L$$

Alors, le bénéfice net du crédit additionnel, exprimé en pourcentage, s'écrit comme suit :

$$N(B) = E(B) - E(C) = P_o - P_t(1 + L / D) \text{ X } 100$$

Ainsi, l'intérêt pour les créanciers à accorder un nouveau crédit est fonction de la probabilité de défaut avant et après accord pour celui-ci et de la dette existante.

Si P_o est élevé et L/D est faible, le système bancaire (créancier) sera d'autant plus incité à injecter d'argent frais dans l'économie donc à accorder davantage de crédit que P_t sera moindre.

En conséquence, la situation de surendettement d'un pays ne conduit pas nécessairement au tarissement du financement extérieur de son économie. L'exemple, c'est le cas de la crise mexicaine de 1982 au cours de laquelle les banques créancières continuèrent d'accorder de nouveaux prêts au pays, malgré son endettement déjà très élevé parce que, justement, même si P_o (la probabilité de défaut de paiement avant le nouveau financement) était élevé, P_t (la probabilité de défaut de paiement après le nouveau financement) était faible et L / D (le rapport valeur du nouveau crédit sur stock de la dette avant le nouveau crédit) était très faible puisqu'il ne représentait que 7% du total de sa dette.

Les pays de la zone monétaire CEDEAO pourront donc s'endetter, sans risque de tarissement de la source internationale, pour financer leur développement, mais aussi sans risque de défaut de paiement. C'est dans cette optique que j'ai introduit une nouvelle approche de l'endettement basé uniquement sur la rentabilisation de la dette qui s'auto-rembourse (cf., Djelhi-Yahot, L'endettement international : mythe ou réalité en Afrique ? Éditions l'Harmattan, Paris). Il s'agit du concept de rentabilisation de la dette qui peut se faire, soit par placement du montant de la dette sur le marché financier ou boursier, soit par son investissement dans un projet rentable.

En cas de placement, il suffit que le taux d'intérêt créditeur r sur le placement soit supérieur au taux d'intérêt débiteur i à payer sur la dette, c'est –à- dire

$$r > i$$

pour que la dette soit rentabilisée.

Le placement de la dette D, à un taux d'intérêt créditeur supérieur au taux d'intérêt débiteur servi sur la dette, permet de la rentabiliser.

Soit

i, le taux d'intérêt débiteur sur la dette à rembourser

r, le taux d'intérêt créditeur à percevoir sur le placement de la dette

$r > i$, par hypothèse

D, le montant initial de la dette

n, le terme du remboursement

D_i, le montant de la dette à rembourser au temps n

D_r, le montant rapporté par le placement de la dette, en temps n

Alors, on peut calculer le montant de la dette à rembourser qui est

$$D_i = (1+i)^n.D \qquad (6)$$

et le montant rapporté par la dette à l'issue du placement au temps n, est

$$D_r = (1+r)^n.D \qquad (7)$$

Dans la mesure où r est supérieur i, sur la même période de temps n, alors

$$D_r > D_i \qquad (8)$$

On en conclut qu'il suffit que le taux d'intérêt créditeur r soit supérieur au taux d'intérêt débiteur i, pour que la dette contractée et placée, soit rentabilisée. On peut donc, sans grande difficulté, optimaliser la dette contractée, en cas de placement, puisque l'on peut savoir, aisément, entre deux taux d'intérêt, lequel est le plus élevé.

Si la dette est investie dans un projet rentable, le taux de rendement ou la valeur actualisée nette du projet doivent être supérieurs à ceux de la dette (D) pour que cette dernière soit optimalisée.

La valeur actualisée nette ou VAN, de la dette D_o, au temps t = n, est donnée par la formule suivante :

$$VAN\ D_o = I / (1+r)^n . D_n \qquad (9)$$

Pour être rentable, il suffit que la valeur actualisée nette du projet rentable, dans lequel est investie la dette, soit supérieure au montant de l'encours de la dette à rembourser, soit

$$VAN\ D_o > D_i \qquad (10)$$

soit

$$I / (1+r)^n . D_n > (1+i)^n . D$$

D_i, représentant toujours le service de la dette.

Dans ces conditions, le pays débiteur peut s'endetter à l'infini, car la dette s'auto remboursant, il ne court aucun risque. Le créancier non plus ne prend aucun risque dans l'opération de prêt puisqu'il est assuré d'être remboursé. Les agents économiques, particulièrement les ménages et autres contribuables, ne craignent pas de hausse d'impôt pour rembourser l'endettement qui s'auto-rembourse ; les investisseurs nationaux n'investiront pas à l'étranger pour échapper à une augmentation d'impôt qui n'existe pas etc.

Sur base de la rentabilisation de la dette, les pays de la zone monétaire CEDEAO peuvent donc d'endetter autant que possible, pour financer, en partie, leur développement économique, sans risque de conséquences néfaste sur leurs économies respectives.

2.5. Le taux de financement du déficit budgétaire par la banque centrale de 10% des recettes fiscale antérieures

Le financement du déficit budgétaire par la banque centrale ne pose aucun problème particulier, surtout chez les keynésiens, adeptes et défenseur du déficit budgétaire vertueux.

Mais, nous pensons que le taux de 10% par rapport aux recettes fiscales antérieures de chaque pays-membre n'est pas suffisant. Il faut donc l'élargir à 20%, au moins, pour trois raisons :

- les ressources internes augmenteront davantage d'autant pour réduire les besoins de financements extérieurs, réduisant du coup, le niveau de l'endettement extérieur si l'on se réfère au concept traditionnel de l'endettement international ;

- ils constitueront des ressources additionnelles que complètera l'endettement extérieur si l'on s'accorde sur notre thèse de rentabilisation de la dette qui permet à un pays de s'endetter à l'infini, auquel cas le montant du déficit ne vient pas en soustraction du montant des besoins de financements domestiques, mais, en complétement.

- les États-Unis, pays à grand déficit budgétaire, réalisent des performances économiques remarquables depuis trois décennies (plein - emploi, taux d'inflation bas, taux de croissance positif) au point de contrarier la courbe de Phillips, et confirmant du coup, la thèse monétariste qui réfute sa véracité, à long terme. Face à la grave crise économique provoquée par la CODIV-19 au début 2020, le financement massif de l'économie américaine par déficit public a permis de ramener le taux de chômage de 22% et le taux de croissance négatif de - 11%, respectivement à 5,3%

(proche du plein-emploi) et à 2,8%(positif, mais en dessous de la moyenne habituelle de 3, 16%), en espace de quelques mois seulement, en cette même année 2020.

Tableau n°6 : déficit budgétaire des États-Unis (2010 à 2020)

Années	2010	2011	2012	2013	2014	2015	2016	2017	2018	2019	2020
Déficits	1294	1300	1087	680	485	438	665	771	984	971	3700

En effet, le tableau n°6 montre que le déficit, comme pour respecter la tradition américaine, a varié, sur la période 2010 – 2010, de 438 milliards de dollars américains (le plus faible montant sur la période) en 2015 à 3.700 milliards de dollars américains en 2020. Les statistiques du Département du Trésor américain révèlent, à cet effet, que depuis 1929, les États-Unis d'Amérique ont toujours réalisé un déficit budgétaire, et ce depuis 1929, variant entre 1 milliards de dollars et 3.700 milliards de dollars en 2020, avec seulement trois années d'équilibre budgétaire, 1931, 1938, 1960. Le financement massif de l'économie sur déficit public, leur a permis de ramener le taux de chômage à un niveau plus ou moins supportable, et le taux de croissance économique à un niveau moindre que la moyenne des vingt-cinq dernières années, mais positif, au plus fort de la CODIV-19, en 2020. C'est la confirmation de la thèse keynésienne du caractère vertueux du déficit budgétaire.

2.6. La variation du taux de change nominal de plus ou moins 10%

Ce critère s'inscrit dans le droit fil de la théorie de la zone - cible de Williamson(1983) et de Williamson et Miller (1987) et de la zone - cible élargie d'Edison et al(1987) et reprend le système de taux de change fixe mais ajustable (adjustable –peg).Or, Eichengreen (1994), dans sa théorie du

« corner solution hypothesis), explique que le régime de change fixe mais ajustable (adjustable –peg) est plus vulnérable aux attaques spéculatives que les régimes de change fixe (hard-peg) et de change flottant (floating –peg). Retenir un tel critère expose donc davantage les économies de la CEDEAO aux potentielles attaques spéculatives.

Mais, Krugman (1989) trouve la marge de 10% trop étroite. Il soutient que, selon que le taux de change sera proche de la borne supérieure ou inférieure, les agents économiques apprécieront sa crédibilité et agiront en conséquence, sur le marché. En effet, s'il est proche de la borne supérieure, les agents économiques penseront qu'il aura tendance à baisser, et vis-versa quand il s'en éloignera.

Une perte de crédibilité de la zone cible élargie de la part des agents économiques poussera le taux de change au-dessus de la borne supérieure. Krugman en tire la conclusion que « la zone - cible élargie produit la tentation de soutenir le mauvais taux de change et le risque d'attaques spéculatives contre elle, contrairement au taux de change non soutenu ». Dans ces conditions, la zone monétaire CEDEAO n'échappe pas à de tels risques et tendances.

Mais, Currie et Wren-Lewis (1989), à partir d'un modèle économétrique, ont indiqué que la zone - cible élargie donne de bonnes performances économiques.

Les critères de convergence macroéconomique de la CEDEAO, à l'exception de la similarité de taux d'inflation – malheureusement mal appliquée dont le taux imposé de 5 % au plus, est répressif - du taux de financement du déficit étatique financé par la banque centrale et de la variation du taux de change nominale de plus ou moins 10%, ne sont pas des concepts rationnels et ne doivent donc pas être retenus comme critères de convergence macroéconomique pour la formation d'une zone monétaire efficiente. Baser une décision économique sur de tels critères est tout simplement irrationnel et ne peut qu'avoir des effets désastreux sur l'économie. Le report de la mise en circulation de l'éco, la monnaie commune, ne peut que provoquer des conséquences néfastes sur les économies des pays de la CEDEAO. C'est donc une mauvaise décision, tant du point de vue politique qu'économique puisque, par principe, l'économique et la politique doivent être au service du progrès social et du bien-être des populations.

Le drame, dans l'application et le respect des fameux critères de convergence macroéconomique, dans le cadre de la formation de la zone monétaire CEDEAO, c'est que leurs inventeurs et tenants ignorent complétement les autres facteurs déterminants d'une zone monétaire que sont les bénéfices et les coûts. Pire, en profanes – se faisant passer pour économistes - ils ne savent même pas qu'à la suite de la première formulation de la théorie de la zone monétaire optimale, il y a eu le développement de la nouvelle théorie de la zone monétaire optimale mettant davantage l'accent sur les bénéfices nets (à partir des années 1990) et (surtout) de la théorie de la zone monétaire optimale endogène, depuis les années 1998-2000, qui s'appuie sur la dynamique du principe d'endogenéité qui ne laisse plus de place et de temps pour la réalisation de critères ex-ante. Ils ne comprennent même pas que la science économique, comme toutes les autres sciences, évolue et que les vrais spécialistes actualisent leurs connaissances scientifiques ; évidemment, ne comprenant rien en économie, ces faux prophètes et/ ou technocrates ne peuvent suivre l'évolution et le renouvellement de la science économique, à travers les articles scientifiques dans les grands magazines spécialisés en économie (publiés uniquement en anglais). Les quelques économistes africains qui s'arc-boutent sur les fameux critères de convergence macroéconomique de la CEDEAO - probablement logés à la même enseigne - n'ont pas suivi le développement de la théorie monétaire au cours des trente dernières années et sont tout simplement dépassés.

Les vrais déterminants d'une zone monétaire optimale(efficiente) sont ceux élaborés scientifiquement par la théorie économique que nous avons énumérée dans le premier chapitre et expliquons clairement et dans le détail, dans le troisième chapitre. Toute décision relative à la formation d'une zone monétaire basée sur des facteurs autres que ces critères scientifiques, les bénéfices nets et le principe d'endogenéité, est mauvaise et ne peut donner que des résultats désastreux. En conséquence, le report de la mise en circulation de l'éco ne fait que retarder davantage les pays de la CEDEAO sur le chemin du développement économique. En Afrique, pour des considérations politiques, on choisit souvent, sciemment ou non, de retarder les économies en refusant d'appliquer la rationalité économique. Ceci traduit parfaitement l'idée du sous-développement autoentretenu en Afrique que j'explique bien dans mon livre intitulé *Croissance économique sans développement en Afrique,* paru en 2019, aux éditions l'Harmattan, Paris. En effet, beaucoup de prises de décisions dans le domaine économique et des politiques économiques en Afrique, donnent l'impression que les africains refusent le développement économique ; Et les conséquences sont incalculables sur les conditions de vie des populations qui souffrent terriblement du manque de progrès social réel, plus de soixante ans, après les indépendances politiques (nous sommes en 2020). Or, le sous-développement n'est pas une fatalité. Pour en sortir, il suffit simplement de se référer à la rationalité économique pour toute décision ou politique dans le domaine de l'économie. La politique procède des mécanismes d'exercice du pouvoir, par des prises de décisions dans tous les domaines de la vie d'un pays, donc de la vie sociale. Or, le décideur politique – comme tout être humain - ne peut être spécialiste dans tous les domaines. Pour être juste et efficace, il importe donc que la prise de décision soit basée sur la rationalité dans le domaine concerné ou ciblé, pour minimiser, autant que possible, les erreurs de jugement, les erreurs et approximations et leurs effets néfastes sur le bien-être des populations. Car, le décideur politique n'a pas droit à l'erreur parce qu'il tient, entre ses mains, le destin de tout un peuple.

Malheureusement, dans le domaine de l'économie, la plupart des leaders africains - qui ne sont pas économistes - écoutent peu les vrais économistes ou consultent, par erreur ou négligence, des autoproclamés économistes – principalement les soi-disant technocrates – ayant à peine les connaissances d'un étudiant de deuxième d'économie, au meilleur des cas. Or, ces derniers font du charlatanisme, formulent de faux concepts et prodiguent des conseils erronés aux chefs d'État africains qu'ils trompent donc. La conséquence, c'est le foisonnement des mauvaises décisions et des politiques économiques inefficaces, en Afrique, avec leurs cortèges de résultats désastreux à l'origine du retardement des pays africains sur le chemin du développement économique. Pourtant, les vrais économistes sont si nombreux en Afrique ! Pourquoi peut-on se contenter de « bricolage économique » quand les vrais spécialistes sont là pour permettre d'appliquer la vraie rationalité économique? C'est tout le paradoxe qui marque, en Afrique, une rupture coûteuse entre dirigeants et économistes qui poursuivent pourtant les mêmes objectifs : le progrès social et l'amélioration du bien-être des populations ; sauf que l'un le fait, de façon politique, par des prises de décisions, et l'autre, par l'étude des mécanismes de production, donc de création de richesse. Logiquement, le politique devra s'appuyer sur les études et conseils de l'économiste. Mais, souvent, à trop savoir en science économique, on se fait ennemi du chef, en Afrique, sans le savoir et sans le vouloir. Et le coût social y est énorme et le coût d'opportunité, incalculable. Le coût d'opportunité, c'est ce que l'on perd à prendre une décision plutôt que telle autre décision. C'est donc le coût enduré pour n'avoir pas pris une décision quelconque à la place d'une autre. Par exemple, les coûts d'opportunité liés au report du fonctionnement effectif de la zone monétaire CEDEAO sont constitués par le PIB additionnel non réalisé, c'est-à-dire les richesses qui auraient été créées et les bien-être dont auraient joui les populations si la zone monétaire avait été formée. Autrement dit, c'est le manque à gagner, pour les pays de la CEDEAO, en termes de développement économique, du fait du report de la mise en circulation immédiate de l'éco, la monnaie commune.

CHAPITRE TROISIÈME

LA ZONE MONÉTAIRE CEDEAO EST UNE UNION VIABLE

Sans être une zone monétaire optimale au sens de la théorie traditionnelle (cf., Mundell, 1961, 1997 et les autres économistes référencés antérieurement), la future zone monétaire CEDEAO est une union monétaire efficiente donc viable. En raisonnant ex-post – pour prendre en compte le mouvement perpétuel de l'économie, l'aspiration permanente des peuples à davantage de progrès social et le principe d'endogenéité, l'éco, sa monnaie commune, peut être mise en circulation à tout moment, si l'on s'en tient strictement à la rationalité économique. En effet, bon nombre de critères identifiés par la théorie économique sont plus ou moins remplis de nos jours, et l'endogenéité permettra de les renforcer et de réaliser les critères non encore satisfaits par une partie ou l'ensemble des pays de la CEDEAO. Faut-il le souligner, justement, le concept de zone monétaire endogène implique qu'il n'est plus nécessaire de remplir les critères ex-ante, avant de rejoindre ou former une zone monétaire. À la limite, si on était quelque peu nostalgique de la théorie traditionnelle de la théorie de la zone monétaire optimale, on pourrait très bien raisonner, à la fois, ex-ante (certains critères étant déjà remplis) et ex-post pour procéder à la mise en circulation immédiate de l'éco, la monnaie commune.

Mais, voyons maintenant quels sont les critères économiques rationnels déjà remplis et quels sont les autres critères qui restent à être réalisés, par effets d'endogenéité de l'union monétaire CEDEAO elle-même.

I. LES CRITÈRES TRADITIONNELS

1.1. La mobilité des facteurs de production et la flexibilité des prix et des salaires

La mobilité des facteurs de production (cf., Mundell, 1961) et la flexibilité des prix et des salaires permettent le rétablissement de l'équilibre sur les différents marchés, dans une zone union monétaire, en termes d'emploi, d'inflation et de prix et de salaires au profit des pays - membres. Il en tire la conclusion que la régulation par la variation du taux de change n'est donc pas nécessaire et réfute le régime de change fixe.

Or, le traité de la CEDEAO, en tant qu'espace économique, a déjà établi la libre circulation des personnes et biens en son sein (cf., traité de 1987). Le Traité d'Abuja de 1991 et la création de la ZLECA le 21 mars 2018, à Kigali, ont renforcé la libre circulation des personnes, des capitaux et biens. Même si des entraves administratives gênent cette libre circulation de la force de travail et du capital, elle reste un acquis que l'on peut améliorer à l'intérieur de la zone monétaire une fois devenue effective. Ceci est d'autant plus vrai que les agents économiques (personnes ou physiques), de façon générale, trouvent très bénéfique ce principe de libre circulation ; il reste cependant à briser la hantise de l'immigration à travers les mouvements de la force de travail dans certains pays qui semblent soumis à un fort taux d'immigration – très souvent à sens unique - comme la Côte d'Ivoire et à vaincre la résistance de certains États.

Les prix sont plus ou moins flexibles, malgré l'existence d'un système de contrôle de prix - un principe antiéconomique - dans tous les pays de la CEDEAO où il n'existe plus de régimes socialo communistes. Par contre, les salaires restent encore relativement rigides, y compris dans le secteur public où ils sont souvent bloqués pendant de nombreuses années voire des décennies (cf., la Côte d'Ivoire où ils ont été bloqués pendant près de trois décennies). Mais, une bonne organisation du marché du travail, dans le cadre de l'union monétaire, qui tient compte de mon hypothèse de quasi immobilité du facteur travail, requérant les mouvements de la force de travail uniquement pour répondre à la demande de travail réelle formulée par un ou des États-membres, permettra de résoudre le problème (cf., *La théorie de la zone monétaire mondiale*, de Djelhi-Yahot, publié chez l'Harmattan, Paris).

En ce qui concerne la flexibilité des prix, les autorités en charge de la politique économique doivent comprendre maintenant que dans une économie de marché, non seulement le contrôle des prix est inefficace, mais, il alimente ou développe la corruption qui gangrène le marché.

1.2. L'intégration financière

L'intégration financière (Ingram, 1962) permet aux pays membres d'une union monétaire d'amortir les perturbations par des afflux de capitaux sous forme d'emprunts en provenance des zones de surplus ou par la vente d'actifs étrangers nets. Ceci permet d'éviter la régulation par l'usage de la variation du taux de change. Ingram (1962) soutient même qu'en cas de forte intégration financière, de faibles variations de taux d'intérêt permettent d'équilibrer les mouvements de capitaux au sein de la zone monétaire. Même si la CEDEAO n'est pas fortement intégrée financièrement pour l'instant, les statistiques montrent une amorce notable d'intégration financière à travers l'existence des marchés financiers et monétaires et de bourses de valeurs à vocation régionale ; le marché monétaire au sein de l'ex-UEMOA et la bourse des valeurs mobilières d'Abidjan pourront s'étendre à l'ensemble de la zone CEDEAO, sans trop de difficultés ou fusionner avec d'autres marchés de même type existant dans d'autres pays- membres (Nigéria, Ghana). Ainsi, ces marchés se développeront davantage au sein de la zone monétaire en fonctionnement. Le nombre de banques exerçant déjà dans les pays de la CEDEAO s'accroit au fur et à mesure du développement du secteur bancaire dans la sous-région. Le fonctionnement effectif de la zone à partir de la mise en circulation de l'éco ne fera qu'accélérer le développement de tous ces marchés par effets d'endogenéité.

1.3. Le degré d'ouverture

Malgré quelques tracasseries douanières, le degré d'ouverture sur l'extérieur (McKinnon, 1963), donc entre les pays membres de la zone CEDEAO, est une réalité ; sauf que, selon les statistiques, les transactions intra-zone sont encore faibles. La similitude des économies de la sous-région, toutes essentiellement agricoles, ne favorisent pas vraiment l'ouverture entre les différentes économies. Mais, avec l'amorce d'une plus grande industrialisation et le développement plus important du secteur marchand, le ratio

secteur marchand / secteur non marchand

progressera plus rapidement, de façon à élargir le degré d'ouverture au sein de la CEDEAO ; Le cours légal effectif de l'éco dans tous les pays membres ne fera que faciliter ou renforcer cette ouverture, par l'annulation des coûts de transaction et de change.

1.4. La diversification de la production

En absence de mobilité parfaite de la force de travail, Kenen (1969) préconise la diversification de l'économie pour réduire les risques de chocs. Il explique qu'une économie diversifiée possède un secteur d'exportation diversifié ; par conséquent, en cas de chocs non corrélés dans l'économie, avec un effet positif sur une partie du secteur d'exportations et un effet négatif sur une autre partie du secteur d'exportation, il en résultera une annulation des effets de choc sur l'ensemble du secteur d'exportations parce que, justement diversifié. Les pays de la CEDEAO, essentiellement agricoles (sauf le Nigéria qui est un grand pays producteur de pétrole), ont intérêt à diversifier leur production, ce qui fait d'eux des pays candidats à la formation d'une zone monétaire. Même le Nigéria, malgré son pétrole, a absolument besoin de diversifier sa production ; ceci fait de lui, un pays candidat pour rejoindre une zone monétaire, en l'occurrence, celle de la CEDEAO. La diversification, tout en permettant aux pays de la CEDEAO de se passer de l'usage du taux de change comme variable d'ajustement, engendre une plus grande dilution des effets des chocs et conduit à leur intégration économique en tant que partenaires.

En reprenant la thèse de Mundell qui préconise que les pays exposés aux chocs asymétriques ont intérêt à faire flotter leur monnaie, Kenen (1969) soutient que la similarité des structures économiques entre pays fait d'eux de bons candidats à la formation d'une monétaire parce que les chocs, en termes de détérioration des termes de l'échange, les impacteront alors de façon symétrique au sein de l'union monétaire, pour permettre un risk-sharing. Ceci est également à l'avantage de la zone monétaire CEDEAO quand elle devient effective, même si l'état des encaisses des agents économiques, particulièrement les ménages, libellées encore fortement en immobilisations surtout corporelles, réduit les effets et les avantages du risk-sharing.

1.5. L'intégration fiscale

Kenen (1969) a aussi expliqué que l'intégration fiscale comme critère pour la formation d'une zone monétaire, permet d'amoindrir les effets des chocs asymétriques grâce aux transfert de fonds fiscaux des pays ou régions de faible taux de chômages vers ceux à taux de chômage élevé. Or, l'intégration fiscale, en cours depuis des décennies, dans les zones de l'ex-zone du franc CFA, donc de l'ex-UEMOA, avec un taux de pression fiscale de 17% - même si ce taux nous semble répressif - peut être aisément étendue aux autres pays de la CEDEAO.

1.6. L'intégration commerciale

Selon Frankel et Rose (1998), l'intégration commerciale favorise l'union monétaire grâce au renforcement de l'ouverture entre ses membres et réduit les risques de chocs asymétriques. Ce qui est avantageux pour les pays membres de la CEDEAO, puisque le développement du commerce impacte positivement la croissance économique.

Fontagné et Freudenberg (1999) s'inscrivent dans le droit fil de kenen (1969) et soutiennent que l'intégration économique génère la spécialisation intra-branche dans les pays industrialisés qui est elle-même, un facteur déterminant de l'union monétaire. Même si le degré d'ouverture traduit par le ratio

Exportations / PIB

n'est pas encore très élevé en ce qui le commerce inter-État entre les pays candidats à la zone monétaires CEDEAO – du fait qu'ils sont tous des pays agricoles – l'ouverture de l'économie sur l'extérieur est un principe acquis. Il reste simplement à la renforcer. Or, la dynamique endogène le permet dès que la zone monétaire CEDAO commence à fonctionner.

II. LA CEDEAO et LES AUTRES CRITÈRES

Mundell (1961), Fleming (1961), Ingram (1962), McKinnon (1963) et Kenen (1969) sont considérés comme les auteurs principaux de la théorie traditionnelle de la zone monétaire optimale, du moins dans sa première formulation ; mais, de nombreux autres économistes ont contribué au développement de cette théorie économique, par la suite. Il s'agit, notamment, de Fleming (1971), Corden(1972), Ishiyama (1975), Tower et Willett (1976), Kydland et Prescott(1977), Cooper (1977), Barro et Gordon (1983), Bruno et Sachs (1985), Kendleberger (1986), Buiter(1986), Calmfors et Driffill (1988) ,Giavazzi et Giovannini (1989), Fratianni et Von hagen(1990), Mélitz (1991), Krugman (1991), Tavlas (1993), McCallum (1995), Buiter (1995), Edward(1996), Collins (1996), Bayoumi et Eichengreen (1996), Obstfeld and Rogoff (1996), Asdrubali, Sorensen et Yosha (1996), Frankel et Rose (1997 , 2002), Fontagné et Freudenberg (1999), Buti et Suardy,(2000), Hughes et Rummel (2000), Mongeli (2000), Berger, Jensen et Schielderup (2001), Cortesi et Pesenti (2002), Berger, Calvo et Reinhart (2002), Alesina , Barro et Tenreyero (2002), Skudenly (2003), Engel et Rogers (2004), De Grauwe et Mongelli (2004) etc. Ils ont identifié des coûts subits et des bénéfices engrangés par les pays - membres d'une zone monétaire optimale(efficiente). Ce développement que De Grauwe (1992) a appelé « la nouvelle théorie de la zone monétaire optimale » met davantage l'accent sur les bénéfices (avantages) plutôt que sur les coûts et sera suivi par la théorie de la zone monétaire endogène.

La nouvelle théorie de la zone monétaire optimale explore, en plus, des critères tels que :

- la similarité des taux d'inflation ;
- l'efficacité de la politique monétaire ;

- la crédibilité de la politique monétaire ;
- l'homogénéité des préférences
- la synchronisation des cycles économiques ;
- la corrélation et la variation des chocs ;
- le caractère des chocs ;
- l'intégration économique ;
- l'efficacité des ajustements de taux de change ;
- les institutions régissant le marché du travail ;
- les facteurs politiques.
- le désir d'intégration.
- le besoin de devises adéquates et de stabilité d'importations.

2.1. Les coûts et les bénéfices de la zone monétaire CEDEAO

La théorie de la zone monétaire optimale a identifié les coûts encourus et les bénéfices procurés par la formation d'une zone monétaire optimale.

En ce qui concerne les coûts, il s'agit de l'abandon de l'instrument de change, de la perte de la souveraineté monétaire, des coûts liés à l'existence de différents types d'institutions sur le marché du travail, de la perte de l'utilisation de l'impôt-inflation, des externalités externes négatives, des chocs symétriques et asymétriques, des coûts en termes de référence de politique économique et des coûts de transition (élaborés par nous- même.).

Les bénéfices concernent précisément l'accroissement de la valeur de la monnaie, la stabilité du taux de change et la compétitivité des prix, l'élimination des coûts de change et de transaction, le risk-sharing, la réduction de la volatilité liée à la spéculation, les gains en termes de crédibilité, les externalités positives et le seigneuriage international.

Les coûts et les bénéfices de la zone monétaire CEDEAO seront examinés, dans le détail, dans le troisième chapitre.

2.2. Les autres facteurs

2.2.1. La similarité des taux d'inflation

Fleming (1971) explique que la similarité des taux d'inflation, sur une certaine période, entre des pays, conduit à des conditions d'échanges stables, réduisant de ce fait, les besoins d'ajustements du taux de change. Par contre, des taux d'inflation différents peuvent entrainer des niveaux de pouvoir d'achat divergents, impliquant un recours à la modification du taux de change pour résorber les différences de niveaux.

Dans la zone monétaire CEDEAO, le taux d'inflation maximum de 5% permet de réaliser la similarité des taux d'inflation et d'éviter le recours au taux de change comme variable d'ajustement. Sauf que ce niveau de taux d'inflation y provoquera, en contrepartie, du chômage, du moins à court termes (cf., la courbe de Phillips). Il est donc répressif.

2.2.2. L'efficacité de la politique monétaire

Corden (1972), pense que, parce qu'intégrer une zone monétaire conduit à une perte du contrôle direct de la politique monétaire et du taux de change, la perte est d'autant plus importante que la politique monétaire est efficace, du moins dans le court terme. Ceci implique qu'en cas de choc négatif de demande, le pays concerné ne peut utiliser la politique monétaire et de change pour provoquer l'ajustement des prix et salaires relatifs ; ainsi, l'ajustement ne peut se faire que par une augmentation du chômage et une réduction des prix et des salaires nominaux ou à travers une politique fiscale restrictive. En conséquence, Corden (1989) considère « la flexibilité du salaire et des prix comme le plus important critère pour la formation d'une zone monétaire optimale puisqu'en plus, les prix et les salaires réagissent plus rapidement aux chocs asymétriques ». Alors, il relève que si des pays ont des préférences différentes en matière de taux d'inflation, la formation d'une zone monétaire peut être coûteuse.

Ishiyama (1975) identifie les différentiels de taux d'inflation et les variations de salaire comme des facteurs (critères) d'intégration monétaire de pays ayant des préférences sociales différentes. Or, dans la zone CEDEAO, on observe des différentiels de taux d'inflation élevés, avec des taux d'inflation faibles dans l'ex-UEMOA (3,1% pour le taux global et 2,1 % pour le taux moyen annuel de 20010 à 2020) et des taux d'inflation élevés (variant entre 11,7% et 15%) dans les pays de la ZMAO ; à ces différentiels d'inflation, il faut ajouter des différences de préférence sociales pour des raisons sociales et culturelles dues à la colonisation, la ZMAO étant constituée principalement de pays anglophones, à l'exception de la Guinée-Conakry. Les salaires y sont plus ou moins flexibles parce qu'il s'agit d'un espace à économie de marché. Le besoin de similarité des taux d'inflation y est indéniable ; la formation de la zone monétaire CEDEAO, à partir de ce critère, est pleinement justifiée

Mais, Gandolfo (1992) soutient que la similarité des taux d'inflation ne peut être une précondition pour rejoindre une zone monétaire optimale parce qu'elle en résulterait plutôt. En effet, il explique qu'en situation inflationniste, les autorités monétaires ont besoin de jouir de crédibilité en matière de politique de bas taux d'inflation, auprès des agents économiques, pour les convaincre qu'elles ne tricheront pas dans les décisions monétaires discrétionnaires. Le pays peut adopter un régime de taux de change fixe totalement crédible ou s'intégrer à une union monétaire pour éliminer le biais inflationniste. Si le pays cherche à mener une désinflation, il pourra rejoindre une zone monétaire à bas taux d'inflation ; ceci ne posera aucun problème de différence de préférence de politique de taux d'inflation, puisque le pays en question et l'union monétaire partageront le même objectif de bas taux d'inflation. Dans cette optique, les pays de la ZMAO n'éprouveront aucune difficulté à adopter la politique de taux d'inflation modéré des pays de l'ex-UEMOA, dans le cadre de la zone monétaire CEDEAO.

2.2.3. L'homogénéité des préférences

Cooper (1977) et Kindleberger (1986) ont introduit le critère de préférences homogènes dans l'analyse de la zone monétaire optimale qu'ils considèrent comme un bien collectif qui requiert, pour bien fonctionner, « que les objectifs de politique économique des États - membres soient convergents, surtout en matière d'inflation, de chômage et de politique sociale ». Réaliser des objectifs de politique économique convergents est possible au sein de la CDEAO, pour y permettre l'homogénéité des préférences de sorte à s'accorder globalement sur la hiérarchisation des objectifs en matière de politique économique, et particulièrement, sur une interprétation commune de l'arbitrage entre inflation et chômage (cf. courbe de Phillips).

2.2.4. La synchronisation des cycles de production

La synchronisation du cycle économique est considérée par d'autres économistes comme un facteur important de la formation de la zone monétaire. En effet, lorsque les cycles économiques des pays sont synchronisés, le coût engendré par l'abandon de leurs propres politiques monétaires est minimisé. Comme le soulignent si bien Frankel et Rose (1998), « la synchronisation est un élément important dans la recherche de l'endogénéité des déterminants de la zone monétaire optimale, de l'intensité du commerce bilatérale et de la corrélation des cycles économiques (Frankel et Rose, 1986), de l'impact de l'intégration monétaire comme facteur (ou cadre) d'observation de discipline (Buti et Suardy, 2000) et de l'hypothèse de spécialisation (Krugman,1993) ». Au sein de la CEDEAO, la synchronisation du cycle économique minimisera les coûts d'abandon des différentes monnaies de pays – membres, renforcera l'endogenéité des facteurs déterminants, l'intensité du commerce bilatérale et la corrélation des cycles de production (Frankel et Rose, 1988), l'observation de discipline (Buti et Suardy,2000) et la spécialisation (Krugman,1993).

2.2.5. Le facteur politique

Le facteur politique détermine également la formation d'une zone monétaire optimale (Edward, 1996 et Collins, 1996). Il en est ainsi de l'instabilité ou de la stabilité politiques et de la politique inflationniste ou anti-inflationniste des États. Par exemple, en matière de politique monétaire, les gouvernements ont tendance à tricher vis-à-vis des agents économiques en prenant le contrepied de la décision annoncée antérieurement, pour accroitre l'inflation dans le but de réduire le taux de chômage. Pour cette raison, « ils ont tendance à vouloir se lier les mains par l'adoption permanente d'un régime de taux de change fixe » (Edward, 1996. On peut toutefois noter, comme l'indique Collins (1996), que l'ajustement de taux change en régime de change flexible est, politiquement, moins coûteuse (car moins perceptible par les agents économiques) pour les gouvernants que la dévaluation en régime de change fixe qui est impopulaire et requiert des mesures tout aussi impopulaires.

Le facteur politique semble poser problème au sein de la CEDEAO où des coups d'États, des rebellions armées et des mutineries que l'on croyait considérablement atténués, réapparaissent encore, en ce vingt- et- unième siècle. Ainsi, la stabilité politique et la stabilité économique y sont mises à mal. Ceci effrite considérablement le désir d'intégration chez certains pays de la CEDEAO qui se savent stables politiquement et reconnus comme tels.

2.2.6. Le caractère, la variation et la corrélation des chocs

Berger, Jensen et Schjelderup (2001) eux, ont soulevé la question de l'importance de la symétrie des chocs. Utilisant la parité du pouvoir d'achat et une période type du modèle de Kydland et Prescott ((1977) ou de Barro et Gordon (1983), ils font l'hypothèse que les agents économiques du privé, dans un petit pays (au sens économique), déterminent leurs anticipations d'inflation tôt en la période, avant la survenance des chocs. Face aux chocs, les autorités orientent la politique monétaire pour contrer leurs effets néfastes. Ces auteurs montrent clairement, dans leurs études, comment le degré et la direction de la corrélation entre les chocs provenant du pays d'ancrage et des chocs internes, impactent l'économie domestique. Par la suite, ils tirent trois conclusions :

- les chocs corrélés négativement renforcent l'argumentation pour le régime de change fixe ;

- l'accroissement de l'écart-type (standard deviation) des chocs fragilise, de façon ambiguë, l'argumentation en faveur du régime de change fixe, si et seulement si la corrélation n'est pas négative ;

- les rigidités nominales deviennent plus fortes, après l'adoption d'un taux de change fixe.

En prenant en compte ces trois conclusions, ils soutiennent que l'adoption du régime de taux de change fixe procure des gains par rapport au système de change flexible.

Quand « l'incidence des chocs d'offre et de demande et la rapidité d'ajustement à ces chocs (y compris les réactions politiques) sont similaires entre pays, la nécessité de politiques autonomes devient plus réduite », de sorte que les bénéfices nets de l'introduction d'une monnaie unique, dans le cadre de la zone monétaire, sont nettement plus élevés. Dans cette logique, la mise en circulation de l'éco, comme monnaie commune de la CEDEAO profitera aux économies des pays-membres.

Bayoumi et Eichengreen (1996) relèvent une corrélation positive dans l'Union européenne, entre l'Autriche, l'Allemagne, le Danemark, la France, les pays du Benelux et la Suisse alors que Hughes et Rummel (2000) mettent en exergue la symétrie des chocs dans toute l'Union Européenne. Il faut, toutefois, noter que les résultats des études sur la symétrie des chocs sont « ambigus et souvent contradictoires ». On peut, par analogie, dire qu'il y aura une corrélation positive entre les pays de la CEDEAO au moment de son fonctionnement effectif

Le modèle de Buiter (1995) relatif à la formation d'une zone monétaire optimale distingue les effets du régime de change en fonction du caractère des chocs qui affectent l'économie. Pour lui, si en matière d'ajustement par rapport aux chocs réels, la flexibilité du taux de change nominal a un impact significatif, il n'en est pas de même en ce qui concerne les chocs financiers. En cas de prééminence de chocs monétaires, le taux de change fixe apporte plus de stabilité ; quand les chocs sont principalement de nature réelle ou externe, le régime de change flexible est préférable. André Munsangaie (2010) a montré que les pays membres de zones monétaire en Afrique ont mieux résisté à la crise financière provoquée par les « subprimes » de 2007-2008, grâce à la fixité de parité, sans aucun doute. Les pays de la CEDEAO qui, individuellement pris, sont de petites économies et la CEDEAO elle-même, une autre petite économie, seront donc en mesure de résister aux crises financières et monétaires, dans le cadre du fonctionnement réel de la zone monétaire CEDEAO.

Selon Fontagné et Freudenberg (1999), l'intégration économique des pays développés provoque principalement la spécialisation intra-branche, ce qui est un facteur favorable à la formation de zone monétaire, même si l'on peut observer que « le commerce intra-branche ne suffit toujours pas à garantir une synchronisation des cycles économiques ou des préférences » , puisqu'il peut conduire au « développement de l'intra-branche de qualité différente ayant les mêmes caractéristiques de spécialisation appauvrissante et de désynchronisation du commerce interbranche ». Mais, la CEDEAO est constituée de pays sous-développés et ne court aucun risque de désynchronisation du commerce interbranche et de spécialisation appauvrissante au sens de Fontagné et Freudenberg (1999). Il en est de même pour la spécialisation appauvrissante au sens de Bhagwati (1998), car les pays - membres de la CEDEAO produisant essentiellement des matières exportées vers l'Europe, l'Amérique et l'Asie, ne peuvent souffrir de détérioration des termes de l'échange entre eux, résultant du commerce de matières premières intra-CEDEAO inexistant.

2.2. 7.. Le besoin de stabilité d'importation et de devises, et le désir d'intégration

Frankel (1999) a identifié des critères additionnels qu'un pays doit prendre en compte pour son intégration dans une union monétaire ; ce sont :

- le besoin de stabilité d'importations (pour cause, soit d'hyperinflation, soit d'absence d'institutions publiques crédibles, soit de large degré de risque d'exposition à des investisseurs internationaux véreux ou agressifs) ;

- le désir pour davantage d'intégration avec le pays voisin ou le partenaire commercial ;

- la large utilisation de la devise étrangère (potentiellement commune) dans l'économie du pays ou des futurs pays à intégrer au sein de l'union monétaire ;

- l'accès à un niveau adéquat de réserves extérieures;

- l'existence et le respect de la règle de droit ;

- l'existence d'un système financier stable, performant, bien supervisé et bien régulé.

Les pays de la CEDEAO ont tous besoin d'un minimum d'importations stables, surtout en biens d'équipement, d'intégration économique (car ils sont de petites économies pris individuellement), de réserves extérieures suffisantes pour assurer les transactions internationales, de l'existence d'un système financier stable (ce que procure une union monétaire) et de l'existence et du respect de la règle de droit (que renforce l'union monétaire).

2. 2. 8. L'efficacité de l'ajustement du taux de change

Mongelli (2002), lui, s'interroge sur l'efficacité réelle des ajustements de taux de change. S'ils ne sont pas efficaces, alors le coût de la perte du taux de change comme mécanisme d'ajustement devient insignifiant. À cet égard, deux points de vue s'opposent : celle qui préconise que la variation du taux de change nominal provoque des ajustements de la balance externe et celle qui soutient le contraire.

En réalité, l'efficacité de l'ajustement du taux de change est plus fonction :

- des élasticités critiques (marshall-Lerner) qui doivent être positives ;

- du niveau de la valeur de la monnaie domestique qui ne doit pas être surévaluée (l'indice du taux de change effectif réel ne doit pas dépasser 100) ;

- de l'état de la balance commerciale du pays ou de l'espace économique dont on fait varier le taux de change qui doit être déficitaire.

L'ajustement de taux de change peut être efficace dans le cadre de la zone monétaire CEDEAO, si et seulement si les conditions ci-dessus sont remplies. On peut relever, à cet égard, que lors de la dévaluation du franc CFA en janvier 1994, ces conditions n'étaient pas réunies. D'où les résultats mitigés que nous avons abondamment expliqués dans *Zones monétaires et Développement économique en Afrique et Croissance économique sans développement en Afrique*, publiés en 2019 chez l'Harmattan, Paris.

2.2.9. Un nouveau facteur : l'efficacité de la gouvernance économique

Mundell (1969, 1997) a fait allusion à l'efficacité de la monnaie qui diminue quand le nombre de monnaies utilisées augmente sous le régime de change flexible. Mongelli (2002) a soulevé la question importante de l'efficacité de l'ajustement du taux de change comme facteur déterminant de la zone monétaire optimale en termes d'effet sur la balance externe. Dans ce cas de figure, la politique économique serait destinée à rétablir l'équilibre externe, laissant de côté l'aspect interne de l'équilibre et les autres instruments de politique monétaire. Nous pensons donc qu'il est nécessaire d'introduire l'efficacité de la politique monétaire, dans son entièreté, en prenant en compte la variation du stock de monnaie, c'est - à - dire la masse monétaire sous ses formes de M_1 ou M_2, comme facteur déterminant de la zone monétaire optimale.

Soit la fonction suivante :

$$f(B_g) = f(M, T, G)$$

Avec M = masse monétaire

T = taux d'imposition

G = dépense publique

La combinaison de M, T et G, à leur niveau optimal respectif, impacte significativement le degré d'efficacité de la politique économique dans l'économie d'un pays ou d'une zone monétaire et permet de réaliser plus que l'équilibre, l'optimalité de la production (PIB). Or, la production optimale conduit à la réalisation de bénéfices nets optimaux lorsque l'on raisonne en termes de coûts/bénéfices, grâce aux performances économiques optimales du pays ou de l'union monétaire.

La courbe de Laffer donnera le taux d'imposition optimal ; l'exécution des dépenses publiques sera assurée, de façon optimale, grâce au contrôle efficace effectué par des contrôleurs compétents et indépendants qui n'ont pas de comportement bureaucratique. Ceci aura une incidence plus prononcée sur les transferts de fonds qui réduisent les écarts de chômage entre les pays - membres de l'union monétaire frappés par un choc asymétrique et les autres États - membres.

La politique monétaire optimale peut être représentée par la règle de John Taylor qui, au contraire des différentes théories de l'approche monétaire de la balance des paiements, prend en compte davantage d'agrégats et indicateurs économiques d'un pays (taux de croissance, PIB, écart de l'output, indice des prix, taux d'intérêt, taux directeur de la banque centrale) et conduit à de meilleurs résultats.

Toutefois, pour déterminer cette politique monétaire optimale, il faut adopter un mécanisme de prise de décisions qui contribue à la maximisation de la fonction $f(B_g)$, c'est-à-dire la réalisation de la bonne gouvernance avec ou sans indépendance de la banque centrale.

En situation d'indépendance de la banque centrale, une collaboration (coopération) entre les autorités monétaires et le gouvernement devra permettre d'obtenir la politique monétaire optimale (M).

Au cas où la banque centrale n'est pas indépendante du pouvoir politique, des décisions rationnelles prises au niveau de l'État, c'est - à- dire le gouvernement et la banque centrale, permettront d'appliquer une politique monétaire optimale (M).

Dans le premier cas, la coordination et l'harmonisation peuvent ne pas être nécessaires s'il est institué une réglementation qui contraint les autoritaires monétaires à déterminer (par exemple économétriquement) le niveau optimal de la variable - cible M.

En conséquence, la maximisation de l'équation de la gouvernance économique (qui conduira à la bonne gouvernance économique) impactera positivement l'efficacité des politiques monétaire, fiscale et budgétaire. Mathématiquement (cf. démonstration mathématique en annexe), il s'agit de :

$$\text{Max } f(B_g) = f(M, T, G), \text{ avec } f'(B_g) = 0 \text{ et } f''(B_g) < 0$$

On en conclut que la bonne gouvernance économique qui est la collecte et l'allocation optimales des ressources publiques, à des fins de développement économique, impacte significativement l'efficacité de la politique économique qui, elle-même, est un facteur déterminant de la zone monétaire.

La création et le fonctionnement de la zone CEDEAO conduit au renforcement de la bonne gouvernance économique. Or, la bonne gouvernance impacte positivement la croissance économique à travers :

- l'efficacité des politiques fiscales, monétaires et budgétaires communautaires ;

- le renforcement et le respect de la règle de droit au niveau communautaire ;

- un plus grand impact sur les variables explicatives de la croissance économique, donc sur la croissance économique elle-même ;

Il est donc important que cette zone monétaire connaisse son début de fonctionnement le plus tôt possible pour permettre de libérer ses différents effets positifs sur l'économie.

Les keynésiens et néokeynésiens ont relevé le fait que la fiscalité jouant un rôle majeur, séparer la gestion fiscale de la monnaie pose problème. Or, dans une union monétaire, la monnaie est régulée par une autorité internationale, en l'occurrence, la banque centrale communautaire, alors que la politique fiscale relève du domaine de l'autorité fiscale nationale. De plus, ils considèrent non seulement que la politique fiscale est plus efficace que la politique monétaire, mais dénoncent la perte de la souveraineté monétaire.

Mais, ces différentes critiques - si rationnelles soient-elles - ne peuvent, en réalité, remettre en cause l'impact significatif de la zone monétaire (efficiente) optimale sur l'économie. Il en est donc ainsi de la zone monétaire CEDEAO pour laquelle nous argumenterons particulièrement davantage, plus loin.

III LE CONCEPT D'ENDOGENÉITÉ DE LA ZONE MONÉTAIRE

La théorie de la zone monétaire optimale traditionnelle met l'accent sur les conditions préalables à remplir pour la formation d'une zone monétaire optimale(efficiente). Ceci implique que l'on prend en compte uniquement les critères ex-ante à remplir pour la réalisation de toute intégration monétaire. Mais, l'Union européenne et la zone du franc CFA sont des expériences d'unions monétaires que l'on ne peut justifier ou légitimer en raisonnant uniquement ex- ante, c'est-à-dire sur la base de la réalisation effective et antérieure des critères identifiés par la théorie traditionnelle de la zone monétaire optimale. En effet, il est rationnellement inacceptable de renoncer à former des zones monétaires optimales parce que les critères préconisés par la théorie traditionnelle ne sont pas préalablement respectés ou n'existent pas ou ne peuvent être réalisés à court, moyen et long termes. En considérant que les zones monétaires permettent d'apporter plus de bien-être à la collectivité – comme le démontre la théorie économique – alors, l'aspiration légitime des peuples au progrès économique et social commande de créer les conditions nécessaires à leur réalisation. À cet égard, il est apparu dans les années 1998 - 2000, un renouvellement de la théorie de la zone monétaire optimale, avec Frankel and Rose (1998, 2000, 2002), Corsetti et Pesenti (2002)) et De Grauwe et Mongelli (2004) qui a introduit des critères endogènes basés sur l'idée que « l'union monétaire produit d'elle-même les conditions de son optimalisation ». Dans le même ordre d'idée, nous pouvons même relever et soutenir, à la limite, que l'économie et les critères de la théorie traditionnelle évoluant dans le temps, ces critères peuvent être considérés comme endogènes si on les apprécie ex-post. Contrairement à la première formulation de la théorie de la zone monétaire optimale (efficiente) qui vise à identifier ex-ante les critères qu'une économie devra satisfaire avant de rejoindre une zone monétaire, le nouveau concept, formulé par Frankel et Rose (1998, 2000, 2002), Corsetti et Pesenti (2002) et De Grauwe et Mongelli(2004), met l'accent sur les changements dans les structures et performances économiques qui résulteront de la participation à une union monétaire : c'est l'endogenéité. Ce nouveau concept trouve ses origines dans deux explications :

- l'unification monétaire ; par l'élimination des frontières, l'unification monétaire stimule le développement du commerce au sein d'une union monétaire (McCallum, 1995, Engel et Rogers, 2004) ; elle élimine les risques de change (donc le coût de couverture à terme) grâce à la monnaie unique et réduit les coûts des informations ; elle accroit la transparence des prix engendrée par la réduction de la segmentation du marché et la stimulation de la compétition (Skudenly, 2003). À cet égard, De Grauwe et Mongelli (2004) soutiennent qu'autant que le taux de change fixe entre différentes monnaies, la monnaie commune permet de promouvoir le commerce réciproque, l'intégration économique et financière et le progrès technique (l'accumulation de connaissances, développement de nouvelles technologies etc.,).

- le lien positif entre la corrélation des revenus et l'intégration commerciale (Frankel et Rose, 1998,2002) ; en effet, l'intégration conduit à un niveau plus élevé de corrélation de cycle économique de production à cause des chocs communs sur la demande et la provocation d'un plus grand commerce intra-industriel ; ceci réduit le besoin de politiques monétaires spécifiques à chaque pays et les coûts d'opportunité liés à l'abandon d'une politique monétaire élaborée individuellement au niveau national. En stimulant les échanges, l'union monétaire contribue à la synchronisation des cycles. L'existence de la zone CEDEAO, par effet d'endogenéité, contribuera, elle-même, à la synchronisation des cycles économiques.

De plus, La théorie de la zone monétaire optimale endogène conclut que la participation à une union monétaire réduit d'elle-même l'incidence des chocs asymétriques parmi les pays -membres. Dans la zone monétaire CEDEAO, l'effet de chocs asymétriques sera donc amoindri.

Comme on peut le constater, l'endogénénité de la zone monétaire permet pratiquement de réaliser ex-post, les critères déterminants de la zone monétaire optimale efficiente(optimale), identifiés ex-ante, par la théorie traditionnelle. ». Ainsi, il n'est pas nécessaire, pour un pays ou un groupe de pays, de remplir, au préalable, les critères, avant d'intégrer ou former une zone monétaire. Cela est d'autant plus vrai que l'économie est en perpétuelle évolution et que certains facteurs déterminants sont qualitatifs ou ont un effet d'entrainement certain sur divers agrégats et variables économiques.

IV. LA ZONE MONÉTAIRE CEDEAO PEUT ÊTRE EFFICIENTE

La Communauté Économique des États de l'Afrique de l'Ouest (CEDEAO ou ECOWAS, en anglais) est un espace économique créé en 1975. Il regroupe 15 pays dont huit (Burkina Faso, Benin, Côte d'Ivoire, Guinée Bissau, Mali, Niger, Sénégal, Togo) déjà membres d'une union monétaire, l'ex - UEMOA. Il comprend neuf pays francophones - les huit pays de l'ex-UEMOA et la Guinée-Conakry - la Guinée Bissau et cinq pays anglophones (Gambie, Ghana, Liberia,

Nigeria et Sierra Leone). Les 5 pays anglophones et la Guinée – Conakry forment la ZMAO, mais chacun posséde sa propre monnaie arrimée ou non à une devise étrangère (dollar, livre sterling). La CEDEAO continue d'examiner, depuis 2017, et ce, jusqu'au moment où nous écrivons ce livre (en 2020), l'acte de candidature d'adhésion du Maroc. C'est donc, avant l'adoption de l'éco, sa monnaie commune, en juin 2019, un vaste espace économique hybride composé d'une zone monétaire (UEMOA) et d'un espace économique hors zone monétaire (ZMAO). Elle a une superficie de 5.140.240 kilomètres carrés, une population de plus de 3 35.000.000 d'habitants, et un PIB estimé à 691 milliards de dollars américains en 2019 ; en raison justement de son caractère hydride et du report inattendu de son début de fonctionnement initialement prévu en 2020, elle mérite une attention particulière. Aussi, voulons-nous expliquer et démontrer ici que, tant du point de vue des critères déterminants d'une zone monétaire que des bénéfices nets procurés à ses États-membres, le report du début de la zone CEDEAO est contreproductif, donc mauvaise pour les économies des pays -membres ; du point de vue de la rationalité économique, la zone monétaire CEDEAO peut, à tout moment, commencer à fonctionner efficacement ; ce report, après une multitude d'autres, est fortement dommageable pour les économies africaines et les retarde inutilement.

Par l'analyse des vrais critères rationnels de la théorie économique ainsi que des coûts et des bénéfices de la zone monétaire CEDEAO - toujours selon la théorie économique - nous allons tenter de démontrer ici que la zone monétaire CEDEAO peut fonctionner à tout moment et que l'éco, sa monnaie commune, peut être mise en circulation, sans délai et sans risque.

4.1. Les bénéfices et les coûts de la zone monétaire CEDEAO

Comme nous l'avons déjà signalisé, la formation d'une zone monétaire occasionne des coûts et des bénéfices pour les pays - membres. Dans le cas de la zone monétaire CEDEAO, les bénéfices, comme le présume la théorie économique, sont nettement plus importants par rapport aux coûts encourus par les pays - membres.

4.1. 1.. Les coûts de la zone monétaire optimale

4.1.1. 1.. L'abandon de l'instrument de change

De Grauwe (2000) considère que les variations de taux de change nominal ont seulement des effets temporaires sur la compétitivité de l'économie d'un pays quand la théorie classique, assure que la politique de change n'a pas d'effet sur les variables réelles ; Ces thèses doivent être relativisées, car le taux de change demeure un élément correcteur des perturbations de la demande, des coûts et des prix. De plus, à court terme, l'instrument de change exerce une influence sur l'output et la compétitivité. Au contraire de la politique de réduction des dépenses publiques, la politique de change agit plus rapidement dans la mesure où les prix et les salaires ne sont toujours pas totalement flexibles. En plus, la politique du change permet à un pays de se protéger des effets déflationnistes sur l'output national.

En conséquence, la perte de l'usage de l'instrument de change, à l'occasion de la création d'une zone monétaire, en l'occurrence la zone CEDEAO, constitue pour les États - membres, un coût élevé.

4.1.1.2. La perte de la souveraineté monétaire

L'intégration monétaire entraine, chez les pays - membres, l'abandon de la souveraineté monétaire ; elle implique donc la perte de contrôle sur la politique monétaire nationale. Ceci empêchera donc les pays de la zone CEDEAO, d'agir « sur la stabilisation des cycles conjoncturels ». Il en résultera une fluctuation cyclique probablement plus forte qui pourrait s'aggraver face à l'asymétrie des chocs par rapport aux autres pays membres.

En cas de rigidité de salaires et de prix nominaux dans un pays - membre, celui-ci pourrait faire face à un chômage frictionnel plus élevé dès l'instant où la zone monétaire CEDEAO elle-même, connait un taux d'inflation bas.

Mais, les monétaristes relativisent les coûts consécutifs à l'abandon de la souveraineté monétaire, car eux, rejettent l'idée de stabilité de la courbe de Phillips. Avec l'hypothèse que les travailleurs négocient les salaires en termes réels (et non nominaux), l''interprétation de la courbe de Phillips devra tenir compte des anticipations d'inflation. Par conséquent, les changements de politique ainsi anticipés n'auront aucun effet sur les variables réelles (McCallum, 1989).

Avec l'introduction du taux de chômage naturel (en remplacement de la courbe de Phillips), même si « les autorités ont du mal à choisir une combinaison optimale de chômage et d'inflation, en général, elles choisissent plutôt le niveau d'inflation que celui du taux de chômage (ou d'activité économique) qui est défini par le taux de chômage naturel, et est indépendant de l'inflation. Ceci implique une courbe de Phillips verticale à long terme sur le niveau de chômage naturel » (Artis, 1991). Par conséquent, la relation positive entre inflation et activité économique est remise en cause. Or, si à long terme, le trade-off entre inflation et chômage n'existe pas, naturellement, il ne peut en résulter de coût dû à l'absence de possibilité de définition de la combinaison optimale entre inflation et chômage, à long terme ; mais, à court terme, les effets de la courbe de Phillips subsistent.

Mais, la théorie économique assure aussi que le coût de l'abandon de la souveraineté monétaire d'un pays - membre est fonction de l'efficacité de la politique monétaire. Alésina, Barro et Tenreyero (2002) soutiennent que plus l'association des chocs est élevée, plus bas seront les coûts relatifs à la perte de l'indépendance monétaire. Calvo et Reinhardt (2002) assurent que si un pays n'est pas en mesure d'utiliser de façon adéquate la politique monétaire, le coût de la perte de sa souveraineté monétaire n'est pas très élevé. Or, la zone CEDEAO, n'est pas une véritable zone monétaire optimale au sens de la théorie traditionnelle ; aussi le coût de la perte de souveraineté monétaire des États- membres, serait-il moins élevé.

4.1.1.3. Les coûts liés à l'existence d'institutions différentes sur le marché du travail

La théorie économique relève que dans une union monétaire, les différences institutionnelles sur le marché du travail peuvent provoquer des variations de salaires et de prix divergentes, même en temps de chocs similaires. Bruno et Sachs (1985) soutiennent que « les chocs d'offres ont des conséquences macroéconomiques différentes selon le degré de centralisation des négociations salariales. ». En cas de négociations centralisées de salaires, les syndicats ont tendance à prendre en compte les effets inflationnistes de l'augmentation des salaires et ne revendiquent pas de variations excessives, pour éviter de provoquer de l'inflation. Dans ces conditions, le choc d'offre sera de courte durée et aura des effets moins perturbateurs sur l'économie.

En négociations décentralisées (par syndicat ou par firme), les syndicats, conscients que les variations salariales auront un impact direct sur la compétitivité de la firme et les perspectives d'emplois, revendiquent également des variations moins excessives.

On note donc que dans les deux types de négociations centralisées ou décentralisées, ci-dessus, les revendications salariales sont moins excessives. Calmfors et Driffill (1988) en tirent la conclusion « que les pays membres de l'union monétaire, pourvus de système de négociations salariales polarisées (centralisées ou décentralisées), sont mieux équipés pour faire face à des chocs d'offres qu'un pays membre de l'union monétaire ayant un système intermédiaire ». Un tel pays aura davantage de problèmes à réduire l'inflation sans accuser de pertes d'output, suite aux chocs d'offre. Le même choc peut donc provoquer des hausses de prix et de salaires plus ou moins fortes. « Une telle réaction divergente face à un même choc complique la stabilisation du choc et ce, d'autant plus que les taux de change sont fixes (De Grauwe, 2000) ».

Toute cette analyse est basée sur « La courbe Calmfors – Driffill » qui établit une corrélation entre le degré de négociation collective de salaire et le niveau de chômage dans un pays. En effet, Calmfors et Driffill (1998) soutiennent que quand « la taille d'un syndicat croit, le niveau de chômage augmente, puis décroit quand le syndicat commence à exercer un pouvoir de monopole », ce qui donne la courbe Calmfors – Driffill, ci-dessou

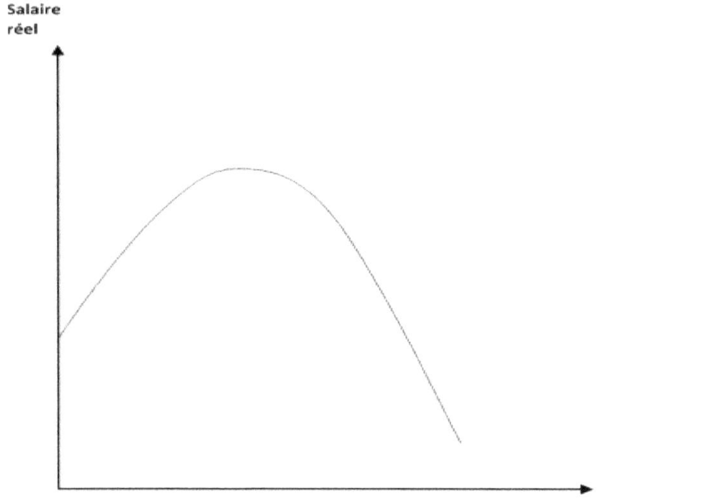

Courbe CALMFORS - DRIFFILLL

Cette courbe traduit l'idée de Mancur Olson (1996) qui soutient que « les intérêts organisés sont à leur coût le plus élevé (le plus nocif) quand ils n'internalisent pas une partie significative des coûts imposés à la société ».

De façon générale, dans les pays de la CEDEAO, il existe un système polarisé de syndicalisme qui conduit à des revendications salariales moins excessives. De plus, l'existence d'États forts, dans la plupart des pays – membres permet de tempérer les négociations et les revendications salariales.

4.1.1.4. La perte de l'utilisation de l'impôt-inflation

Les néo-classiques relèvent, comme autre coût de l'intégration monétaire, la perte de contrôle sur « l'impôt-inflation ; En effet, les pays membres de l'union monétaire ne peuvent plus, individuellement, « égaler les coûts marginaux de l'impôt et de l'inflation ». Indubitablement, les pays de la zone CEDEAO subiront les conséquences de la perte de l'impôt- inflation.

4.1.1.5. Les externalités négatives externes

Dans une zone monétaire optimale, lorsqu'un pays ou plusieurs pays - membres connaissent des déficits budgétaires énormes et que pareilles dettes doivent être monétisées, la zone connaitra inévitablement une hausse de taux d'intérêt et une perte éventuelle de confiance, sur le plan international, dans la monnaie commune. Les coûts seraient alors extrêmement élevés pour les pays – membres de la CEDEAO qui - avant l'intégration monétaire réelle - bénéficiaient de la crédibilité de monnaies stables. Il s'agit principalement des pays de l'ex-UEMOA dont la monnaie, le franc CFA est stable et crédible, par rapport aux monnaies faibles et moins crédibles comme le cedi ghanéen, le franc guinéen etc.

4.1.1.6. Les chocs symétriques et asymétriques

Les économistes ont identifié des types de chocs en termes de coûts auxquels les pays - membres d'une zone monétaire optimale font face : les impacts des chocs sur le taux de change, l'effet des chocs asymétriques, l'impact des chocs symétriques avec des effets asymétriques et la préférence en matière de choix de politique économique (Balwin, 2013).

4.1.1.6.1. Les chocs et leurs impacts sur le taux de change.

Quand la demande extérieure pour les exportations d'un pays baisse, il y a alors nécessité de rendre ses exportations moins chères. Il faut donc réduire les prix et les salaires. La baisse des prix et des salaires pourrait rencontrer de la résistance au niveau interne ; il pourrait en résulter aussi une dépréciation de la monnaie ; autres externalités négatives, c'est que la compétitivité engendrée par la baisse des prix peut être captée par le taux de change réel dans deux cas : dans le premier cas, le taux de change nominal peut varier à la baisse si les prix sont flexibles, auquel cas, l'effet à court terme c'est de réduire la production (output), et le taux de change réel se dépréciera ; dans le second cas, si au contraire, le taux de change est fixe et les prix sont rigides, il s'exerce une pression sur l'économie qui réduit beaucoup plus fortement la production(output) de sorte qu'une récession se propagera jusqu'à ce que les prix finalement baissent.

Pour un pays qui partage une monnaie commune avec d'autres pays, il n'y a pas de solution de rechange à une réduction des prix et des salaires pour réaliser l'ajustement du taux de change réel. Ceci constitue un coût social significatif.

4.1.1.6.2. Le coût des chocs asymétriques

Quand un pays non - membre d'une union monétaire fait face à un choc négatif, la dépréciation du taux de change de sa monnaie ne peut qu'être effective. Si le pays appartient à une zone monétaire, l'ajustement du taux de change est fait par la banque centrale, soit en dépréciant le taux de change commun selon les besoins du pays en question, soit en maintenant le taux de change inchangé, soit en laissant le taux de change se déprécier jusqu'à un niveau intermédiaire (Baldwin, 2013). Dans le premier cas, l'autre pays partenaire fera potentiellement face à un excès de demande inflationniste. Dans le second, le premier pays en question sera confronté à un excès d'offre quand le niveau intermédiaire du taux de change, dans le troisième cas, entrainera un excès d'offre dans le pays en question, et un excès de demande dans l'autre pays - membre.

4.1.1.6.3. Les chocs symétriques à effets asymétriques

Deux pays ne réagissent pas de la même façon face à un choc à effet asymétrique parce qu'ils ne subissent pas les coûts de la même façon. Or, la réaction dépend du marché du travail, de la réglementation, de l'importance du secteur industriel, de l'état d'endettement et des rapports de force en matière de négociation entre partenaires sociaux, et entre partenaires sociaux et gouvernements.

De même, la réaction de la banque centrale à un choc symétrique peut avoir des impacts asymétriques à cause de l'existence de différentiation de structure des banques ainsi que du marché financier et de leur capacité à emprunter.

Dans la zone monétaire CEDEAO, les États-membres subiront tous ces coûts, probablement à des degrés divers.

4.1.1.7. Les coûts en termes de préférence de politique économique.

La politique monétaire commune conduite par la banque centrale communautaire comporte un coût pour les États - membres de la zone monétaire optimale, selon qu'elle permet de contenir l'inflation ou de réduire le chômage, selon qu'elle favorise les exportateurs avec un faible taux de change ou les consommateurs avec un taux de change fort. Les coûts donc varient selon la préférence en matière de choix de politique publique à conduire.

Face au chômage important (une moyenne de 12 à13% de taux de chômage en Afrique), les pays-membres de la zone CEDEAO n'auront pas de mal à s'accorder sur la nécessité de mener une politique monétaire non répressive qui stimule la croissance économique. Ils sont tous exportateurs de matières premières et n'auront aucune peine à adopter, soit un faible taux de change pour stimuler les exportations, soit un taux de change fort pour favoriser la consommation intérieure, en fonction de la conjoncture économique. Dans ces conditions, on peut affirmer que les coûts en matière de préférence de politique économique seront moindres pour les pays –membres de la zone CEDEAO

Des études que nous avons évoquées, antérieurement, ont montré que les pays membres des zones monétaires africaines ont obtenu de bien meilleurs résultats économiques que les autres pays africains hors zone monétaire et ont mieux résisté aux chocs extérieurs (cf., Musungaie, 2010 et tableaux n° 1,2,3,4) que ceux-ci. C'est la preuve que la zone monétaire CEDEAO fonctionnant, protègera davantage les pays-membres contre les chocs extérieurs.

Face au taux de chômage moyen très élevé de 12 à 13 % en Afrique, les pays de l'union monétaire CEDEAO auront – sans aucun doute - la même préférence de politique monétaire non répressive qui stimule la croissance économique. Étant tous exportateurs de matières premières, ils s'accorderont sur une politique de taux de change faible pour stimuler les exportations ou de taux de change fort, en faveur de la consommation intérieure, selon les contextes. Dans ces conditions, les coûts en termes de préférence de politique seront nettement moins élevés pour les pays - membres de la zone monétaire CEDEAO.

La politique monétaire commune conduite par la banque centrale communautaire comporte un coût pour les pays - membres de la zone monétaire CEDEAO, selon qu'elle permet de contenir l'inflation ou de réduire le chômage, selon qu'elle favorise les exportateurs avec un faible taux de change ou les consommateurs avec un taux de change fort. Les coûts, pour les pays de la zone CFA(ex-UEMOA) et les pays de la ZMAO, donc varient selon leur préférence en matière de choix de politique économique à conduire.

4.1.1.8. Les coûts de transition

La formation de la zone monétaire optimale comporte un ensemble de coûts que la théorie de la zone monétaire optimale(efficiente) n'a pas pris en compte ; il s'agit des coûts de transition que nous avons introduits dans l'analyse économique (cf., *Zones monétaires et développement économique en Afrique* de Djelhi-Yahot, 2019, l'Harmattan, Paris) ; ils concernent :

- les coûts de l'impression et la fonte d'une nouvelle monnaie (coinage costs);

- les coûts de création d'une nouvelle autorité monétaire supranationale ;

- les coûts d'ajustement (coûts psychologiques des consommateurs, ajustements nécessaires de la part des entreprises et des marchés).

-le coûts liés au choix du taux de parité. De plus, le choix de la parité du taux de change de la nouvelle monnaie commune, au début du fonctionnement de la zone monétaire optimale, peut s'avérer, soit trop compétitif pour certains pays - membres, soit pas assez compétitif pour d'autres pays - membres. Dans l'un ou l'autre cas de figure, les pays - membres concernés subissent des coûts.

Ces coûts sont inévitables dans la mise en place et le début de fonctionnement de la zone monétaire CEDEAO. Néanmoins, ils sont, d'une part, moindres en ce qui concerne l'impression et la fonte de l'éco, la monnaie communautaire, grâce au coût marginal décroissant des monopoles naturels (les sociétés imprimant la monnaie) qui fait que l'accroissement des ventes permet de répartir les coûts fixes sur des volumes importants si bien que le coût moyen baisse quand la production augmente), et d'autre part, temporaires pour les autres types. Globalement, ces coûts devront être supportables.

.4.2. Les bénéfices de la zone monétaire optimale

La théorie économique établit qu'un pays tire plus de bénéfices qu'il n'encourt de coûts, à rejoindre une zone monétaire ou à en former avec d'autres pays. La transformation de la CEDEAO en zone monétaire(efficiente)optimale permet aux états - membres de tirer sûrement profit des avantages préconisés par la théorie.

4.2.1. L'accroissement de la valeur de l'éco, la monnaie commune

L'existence de la zone monétaire permet l'accroissement et la stabilité de la valeur liquide de la monnaie, dans ses fonctions de réserve de valeur, de moyen d'échange et de mesure de la valeur. En effet, la fonction de réserve de valeur étant intrinsèquement liée à celle de moyen de paiement, « la valeur de la monnaie devient nulle si elle ne peut être échangée contre des biens marchands ». Or, les taux de change volatiles réduisent la valeur de la monnaie en tant que réserve de valeur. L'abandon de leurs monnaies nationales, par les pays - membres d'une zone monétaire, permet d'échapper dans la zone, au risque de réduction de la valeur de leur monnaie devenue commune. Dans la zone monétaire CEDEAO, la valeur de l'éco, la monnaie commune, ne peut que s'accroitre.

Sous l'angle microéconomique, Mundell (1969, 1997) a donné des explications et identifié d'autres facteurs qui sous-tendent les zones monétaires relativement larges ; il soutient que :

- l'efficacité de la monnaie, dans ses fonctions de moyen d'échanges et d'unité de compte, augmente lorsque le nombre de monnaies en circulation diminue dans le cadre de pratique d'un régime de change flexible ;

- les coûts de transaction et d'informations monétaires augmentent quand un plus grand nombre de monnaies sont en circulation;

- l'existence d'un grand nombre de petites zones monétaires conduit à un grand nombre de faibles marchés de change étrangers, qui permet aux spéculateurs d'impacter facilement et fortement le prix du marché, c'est-à-dire le taux de change ; ceci rend, en même temps, la politique monétaire plus difficile à conduire ;

- le cas de taux de change flexible (avec l'existence ou non d'union monétaire) « implique que les agents économiques, dans l'économie donnée, accepteraient les variations de leurs revenus réels, à travers une variation du taux de change, mais pas les modifications de leurs revenus réels provoquées par des ajustements de leur taux de salaire nominal dus à la variation du niveau général des prix ».

- au sein d'une zone monétaire s'élargissant moins et s'ouvrant davantage au commerce, l'hypothèse de l'illusion monétaire devient de plus en plus fragile puisque la part des importations dans la consommation totale augmente.

Dans la zone monétaire CEDEAO, l'efficacité de l'éco sera accrue, les coûts de transaction et d'information monétaire diminueront, il existera une seule monnaie dont la modification du taux (en cas de besoin) sera plus acceptable par les agents économique qu'une variation des prix ; il n'y existera plus de spéculation contre les monnaies individuelles qui auront disparu ; les exportations entre pays - membres seront plus importantes dans la consommation pour réduire l'illusion monétaire ;

La réduction du risque de change, autre avantage que la création ou l'existence de la zone monétaire optimale confère aux pays - membres, profitera nécessairement à la CEDEAO ; En effet, l'étendue de la zone monétaire allant au-delà de celle d'un seul pays, élargira « la taille des marchés, et davantage d'agents économiques y feront usage de la monnaie commune qui gagnera en valeur en tant que moyen d'échange » (Saïd Drissi El Bouzaidi, 2006).

Par ailleurs, la zone monétaire impliquant davantage de diversification de la production économique, résultant de la zone monétaire, elle permettra aux économies des pays de la CEDEAO de pouvoir répondre à leurs propres besoins par leurs propres moyens monétaires et autres qui deviennent nettement plus élevés. D'où le faible l'enjeu par rapport au risque de change qui ne saurait, dans ces conditions, inciter à augmenter des taux d'intérêt pour attirer des investissements étrangers, comme c'est le cas dans une économie de dimension plus réduite, hors de la zone monétaire.

4.2.2. La stabilité du taux de change et la compétitivité des prix

Dans la zone monétaire, les prix deviennent plus transparents grâce à la comparaison de prix relatifs et à la réduction des discriminations et à une diminution de la segmentation des marchés. L'économie dans la monétaire CEDEAO sera plus compétitive, et cette compétitivité bénéficiera aux consommateurs.

4.2.3. L'élimination des coûts de transaction et de change

Un des avantages les plus explicites qui est, par ailleurs, facilement quantifiable dès qu'une union monétaire est formée, est sans conteste, l'élimination des coûts de transactions et de conversions. En fait, les agents économiques des pays membres de l'union monétaire économisent énormément, à l'occasion des transactions et des opérations de change, en termes de coûts de transactions et de conversions de l'une à l'autre de leurs anciennes monnaies respectives, puisque tout le monde fait usage de la monnaie unique de la zone monétaire.

La stabilité de taux de change conduit également à une baisse des coûts liés aux transactions et au hedging. Or, la formation de zone monétaire optimale engendre une stabilité du taux de change. La stabilité de l'éco réduira, par conséquent, les coûts de transaction et de hedging dans la zone monétaire CEDEAO.

Avec la formation et le fonctionnement effectif de la zone monétaire CEDEAO, les coûts de transition et de change, subits antérieurement par les pays, n'existeront plus, puisque seul, l'éco y aura cours légal.

Tous ces avantages seront procurés aux pays-membres de la zone monétaire CEDEAO quand elle commercera à fonctionner effectivement.

Obstfeld et Rogoff (1996), ont déterminé, ce qu'ils ont appelé, « les principaux avantages qu'apporte la formation d'une zone monétaire à ses membres » qui, naturellement, profitent à la zone CEDEAO. Il s'agit :

- d'une plus grande prédictibilité des prix relatifs en matière de business pour les entreprises au sein de l'union monétaire ;

- d'une opportunité de s'abriter contre les perturbations monétaires et les bulles spéculatives qui, autrement, conduiraient à des fluctuations temporaires et non nécessaires de taux de change ;

- d'un degré moindre de pression politique en cas de larges variations de taux de change ;

- de la réduction des coûts de transactions.

Fratianni et Von Hagen (1990) ont, auparavant, démontré que « plus le commerce dans une zone monétaire est concentré, plus importantes sont les économies de coût de transaction » de sorte que les agents économiques en profitent sur le marché communautaire des biens et services. Or, le fonctionnement de la CEDEAO conduira à un renforcement du commerce en son sein.

4.2.4. Le risk-sharing

La théorie du « risk-sharing » qui introduit le partage des risques comme un avantage pour les pays - membres de la zone monétaire, a été formulée par B. Asdrubali, E. Sorensen et O. Yosha (1996). En effet, le risk-sharing « suppose que l'intégration financière permet aux ménages de limiter l'impact négatif d'un choc spécifique s'ils disposent de revenus provenant des régions ou pays n'ayant pas été atteints par le choc. Le partage des risques transite donc par la détention de titres dans d'autres régions ou pays ». En absence de transferts budgétaires, le risk-sharing peut, comme les autres facteurs, justifier l'existence ou la formation d'une zone monétaire dans la mesure où les transferts réalisés par les marchés pourraient compenser le manque de transferts des États. Mais, « pour que ce mécanisme soit opérationnel, il est nécessaire que les marchés financiers fonctionnent correctement, que les ménages soient des optimiseurs rationnels et disposent d'une importante épargne financière ». Or, tel n'est pas toujours le cas (M. Clevenot et V. Duwiquet, 2011) d'autant plus que l'épargne des ménages « est essentiellement immobilière et que sa composante en valeurs mobilières est principalement d'ordre interne. En plus, les marchés sont myopes et peuvent être à l'origine de la formation de bulles spéculatives et de chocs macroéconomiques majeurs ». Ainsi, de partage de risques pour en alléger l'impact individuel, on en arrive, plutôt dans certaines périodes, à leur formation et diffusion avec des effets nocifs sur l'économie de la zone monétaire.

Mais, le fonctionnement effectif de la zone CEDEAO accéléra le développement du système financier entre les pays membres, et les ménages deviendront de plus en plus des optimisateurs rationnels, grâce au développement et à davantage de progrès technique et une épargne de moins en moins immobilière et s'étendant plus au niveau communautaire.

4.2.5. La baisse de la volatilité liée à la spéculation

Dans la zone monétaire, la spéculation potentielle qui existait avant la formation de celle-ci disparait. Avec l'existence de la zone monétaire, l'impact de la spéculation devient moindre compte tenu de la taille du marché devenu plus grand au sein de la CEDEAO. De ce point de vue, même un choc externe devient également plus supportable ; la volatilité des prix ainsi que la possibilité pour les spéculateurs d'influencer les prix pour perturber la politique monétaire seront aussi réduites dans la zone CEDEAO.

Or, La baisse de la volatilité résultant de la spéculation, dans une zone monétaire, présente deux avantages :

- la faible probabilité de diminution de la valeur de la monnaie qui réduit le risque de change ;

- la baisse des « profits des spéculateurs internes qui représentent les pertes des entreprises privées domestiques ou de l'État, sous forme de réserves du marché des changes réduit », dans la mesure où le marché des changes peut être considéré comme un jeu à somme nulle.

À cet égard, la spéculation de George Soros, en 1992, contre la livre sterling, la monnaie britannique – considérée par certains économistes comme une des causes lointaines probables de la sortie de la Grande Bretagne de l'Union européenne - est l'exemple même des effets dévastateurs de la spéculation. En effet, sentant la livre sterling surévaluée, il en emprunta une importante quantité au Royaume - Uni pour acheter des dollars américains au point que les réserves du marché des changes, devenues dangereusement basses, provoquèrent une dépréciation de cette monnaie. il profita alors de la baisse de la valeur de la livre sterling en fonction de la valeur du dollar américain en vendant ses livres sterling qu'il détenait. La conséquence était désastreuse pour l'économie britannique.

Cet exemple de spéculation contre la livre sterling montre, à la fois, le degré de l'impact négatif de la spéculation et la nécessité, pour les pays de la CEDEAO, de réduire ses potentiels effets sur leurs économies, en se protégeant, davantage, grâce à leur appartenance à la zone monétaire et surtout à la mise en circulation de l'éco, car l'existence virtuelle actuelle de cette zone monétaire ne peut les protéger.

4.2.6. L'augmentation de la croissance économique

La théorie néoclassique de la croissance économique et « ses extensions aux dynamiques d'économies d'échelle » explique que l'élimination du risque de change conduit à une accélération de la croissance économique. Or, l'unification monétaire entraine une réduction du risque systémique de sorte à faire baisser le taux d'intérêt réel qui, à son tour, provoquera une accumulation de capital, donc, une augmentation de la production en même temps qu'une baisse de la productivité du capital (selon la théorie néoclassique). Mais, la théorie de la croissance endogène soutient que la productivité du capital augmente grâce à la dynamique endogène des effets d'apprentissage, des infrastructures publiques, de l'accumulation de connaissances et de progrès technique. Ainsi, la zone monétaire conduit à une augmentation de la croissance économique qui profitera largement aux pays de la CEDEAO dès le début de son fonctionnement réel.

4.2.7. Les gains en termes de crédibilité

Si, avant la formation de la zone monétaire optimale, des pays candidats faisaient jusque-là, l'expérience de situations inflationnistes, et donc souffraient de mauvaise réputation de ce fait, ils gagneraient en crédibilité tant au niveau interne qu'externe par leur intégration à la zone, avec un pays d'ancrage anti-inflationniste (Giavazzi et Giovannini, 1989). Pour ce faire, Tavlas (1993) préconise que le pays d'ancrage anti-inflationniste de la zone monétaire préserve son rôle hégémonique dans le nouveau cadre institutionnel que constitue la zone monétaire formée. À cet effet, l'ex-UEMOA, à taux d'inflation relativement modéré, pourraient jouer le rôle d'ancrage au sein de la zone CEDEAO.

4.2.8. Les externalités externes positives

Dans leurs relations financières internationales, les pays - membres d'une zone monétaire optimale bénéficient de la réduction des coûts de transaction (comme nous l'avons déjà indiqué) due à une plus large circulation de la monnaie commune au de l'union, ont besoin de moins de réserves et font face à une coordination internationale simplifiée. Il en sera ainsi des pays de la zone monétaire CEDEAO.

4.2.9. Le seigneuriage international

Les pays membres de la zone monétaire tirent également un avantage, sur le plan extérieur : ils engrangent des revenus de seigneuriage international, puisque le seigneuriage représente la possibilité pour un État, d'acquérir des ressources par le biais de l'impression de monnaie. Chaque pays - membre de la CEDEAO bénéficiera du mécanisme du seigneuriage international grâce au fonctionnement de la banque centrale communautaire.

V. LE RÉGIME DE CHANGE FIXE ET L'ARRIMAGE DE L'ÉCO AVEC L'EURO, LE DOLLAR ET LE YEN

5.1. Le régime de change fixe

Le régime de change est un facteur important dans l'efficacité du fonctionnement d'une zone monétaire efficiente (optimale). La question se pose alors de savoir quel type de parité, fixe ou flexible, pour l'éco, par rapport au dollar, à l'euro et au yen.

Depuis les Accords de Kingston (Jamaïque) en 1976 qui ont officialisé le régime de change flottant, et face au manque de véritable coopération et de coordination monétaires, l'Afrique a grand intérêt à s'organiser économiquement pour se prémunir, entre autres, contre les externalités négatives, présentes ou futures, de la politique monétaire internationale coordonnée ou non conventionnelle de l'Occident. Or, la création et le fonctionnement optimal de zone monétaire, entre autres objectifs, y contribueront énormément.

Le choix du régime de change par un pays ou une zone monétaire est une décision importante parce qu'il exercice un impact significatif sur les résultats économiques du pays ou de l'union. Il a fait l'objet d'une abondante littérature économique au même moment que le débat sur la théorie de la zone monétaire optimale elle-même.

Or, depuis que le Comité Intérimaire du FMI a mis fin au système de change fixe par les Accords de Kingston (1976), les pays et les unions monétaires font face à un dilemme consistant à choisir entre arrimer ou ne pas arrimer leur monnaie à une devise étrangère. Pour les pays africains de la zone CFA, le choix a été fait depuis longtemps, avec la fixité de parité avec le franc français autrefois, et depuis 1999, avec l'euro (1 euro = 655, 957 francs CFA). Les pays de la ZMAO ont choisi de garder leurs monnaies nationales respectives en attendant la mise en circulation de la monnaie commune de la zone monétaire CEDEAO, l'éco, créée depuis le 29 juin 2019. Mais, quel choix pour le régime de change de la zone monétaire CEDEAO, face aux devises fortes, l'euro, le dollar et le Yen?

Pour le choix d'un régime de change, par rapport à d'autres devises, les économistes ont déterminé des caractéristiques ; ainsi, Heller (1978), Weil (1987) et Savvides (1990) ont relevé les 5 facteurs caractéristiques suivantes qu'il faut prendre en compte :

- la taille du pays ou de la zone monétaire au sens économique ;

- le degré d'ouverture sur l'extérieur ;

- le degré d'intégration financière internationale ;

- le niveau du taux d'inflation par rapport à la moyenne du taux d'inflation mondial ;

- la part du commerce extérieur du pays ou de l'union monétaire dans le commerce mondial.

Ainsi, la théorie économique (Heller ,1978 ; Savvides ,1990 et Weil ,1987) préconise que le choix du régime de change, pour un pays, doit être fonction des caractéristiques ci-dessus déterminées.

Par contre, Honkapohja et Pikkarainen (1992) soutiennent n'avoir pas trouvé, dans une étude économétrique, de données empiriques soutenant cette assertion ; ils pensent même que retenir le différentiel d'inflation parmi les variables explicatives du choix du régime de change est une erreur ; pour eux, il en est la conséquence et non la cause. Toutefois, ils reconnaissent que les petits pays et les pays à production peu diversifiée ont tendance à adopter un taux de change fixe. Mais, ils récusent la thèse d'un quelconque impact réel, sur le choix du régime de change, du niveau de développement d'un pays, de l'ouverture du secteur réel ou financier, de la diversification commerciale géographique et des fluctuations des termes de l'échange.

Flood et al (1989), eux, assurent que l'évolution du régime de taux de change est déterminée par l'évolution des facteurs déterminants de l'objectif - cible. Alors, ils expliquent « l'évolution graduelle du régime de parité fixe vers celui de change flottant de certains pays en développement, au cours de la période 1969-1987, par les modifications dans la structure de leurs économies, par exemple, en termes de variabilité de taux de croissance monétaire et de taux d'inflation ».

Paul Hallwood et Ronald MacDonald (2000) indiquent que, ,dans une situation de rigidité des prix et / ou d'immobilité de ressources internes entre secteurs d'activités, une modification dans les prix relatifs provoquée par des fluctuations de taux de change entre pays tiers, pourrait créer du chômage (avec la détérioration des termes de l'échange) ou se transformer en inflation (avec une amélioration des termes de l'échange) : « Thus, even if developping countries were always to follow a disciplined monetary policy which, of course, many do not, balance of payments deficits could still occur, being caused by fluctuations in their terms of trade T over which they have little control ».

D'autres économistes ont, dans plusieurs études, confirmé la thèse que le choix du régime de change d'un pays doit être fondé sur les critères déterminants exposés ci-avant.

De façon générale, la théorie économique a élaboré les cinq variables déterminantes du choix du régime de change d'un pays ou d'une union monétaire qui adopte une monnaie.

Par référence à cette théorie économique, on peut donc se poser la question de savoir, quel doit être le régime de change de la zone monétaire CEDEAO, par rapport aux devises de ses grands partenaires commerciaux, dans un univers de taux de change flottant depuis les Accords de Kingston(Jamaique) en 1976 ?

La théorie économique a établi que les petits pays, au sens économique du terme, sont des « Price - taking countries » - des pays preneurs de prix - sur le marché mondial ; ils ne sont donc pas en mesure d'ajuster leur balance des paiements - à partir des effets des termes de l'échange - par une modification de leur taux de change. Or, le tableau n° 6 révèle que les exportations et les importations de la CEDEAO sont insignifiantes dans le commerce mondial., avec respectivement, des parts d'exportations entre 0,1 % et 1,6 % et d'importations variant entre 0,4 % et 1,3 % de 1970 à 2010. Sans perspective d'amélioration significative de la part de la zone monétaire CEDEAO dans le commerce mondial, elle ne peut donc qu'adopter un système de taux de change fixe, par rapport aux monnaies de ces grands partenaires économiques et commerciaux.

En termes de superficie, l'immensité de l'espace CEDEAO est réelle. Elle s'étend sur une superficie de

5.112.903 km^2, a une population de 391 million habitants (en 2019) et un PIB de 628 milliards de dollars (en 2019). Mais, sa contribution à la production mondiale représente une très faible proportion de la production de 4,5 % en 2016.

Encore une fois, ce chiffre atteste que la zone monétaire CEDEAO est une petite économie, donc un espace économique preneur de prix sur le marché mondial qu'elle ne peut pratiquement pas influencer. En cas d'adoption d'un taux de change flottant par rapport aux devises de ses grands partenaires commerciaux, elle ne pourra pas influencer la balance des paiements par une variation de son taux de change nominal. De plus, ses pays-membres sont tous exportateurs de matières premières dont ils ne peuvent influencer véritablement le cours déterminé sur le marché international. Par conséquent, en prenant en compte le facteur taille économique, il est préférable, pour la CEDEAO, d'opter pour un régime de taux de change fixe avec ses grands partenaires commerciaux.

Par contre, la CEDEAO est grandement ouverte sur l'extérieur malgré sa faible part dans la production économique mondiale et le commerce mondial. Ses principaux partenaires commerciaux sont l'Union européenne, l'Asie (Chine et Japon) et l'Amérique du Nord. Face à ces grands partenaires économiques et commerciaux, la CEDEAO, petite économie, ne peut donc qu'adopter un taux de change fixe, du point de vue de la théorie du commerce international, pour deux raisons, :

- une variation du taux de change en vue de modifier le rapport de prix entre biens échangeables et biens non échangeables serait moins efficace pour assurer l'équilibre ;

- un change flottant conduirait à une inflation généralisée au niveau interne.

En conséquence, seul le régime de change fixe avec ses grands partenaires commerciaux convient à la zone monétaire CEDEAO quand on se réfère au facteur ouverture sur l'extérieur.

En ce qui concerne l'intégration dans le système financier international, force est de constater que l'Afrique tout entière y est presqu'absente (avec l'inexistence de véritables marchés financiers et l'absence de banques africaines à dimension internationale). La CEDEAO, insignifiante dans ce système financier international, ne peut donc que retenir le système de change fixe par référence à son très faible degré d'intégration financière dans le système financier international.

Le différentiel de taux d'inflation dans la CEDEAO par rapport à la moyenne mondiale est assez important, en grande partie, malgré les effets de la substituabilité des devises ; cela est essentiellement dû à son absence d'intégration financière dans le système financier mondial. D'où la préférence pour un taux de change fixe, avec ses grands partenaires.

Tableau n°7 : Part des groupes commerciaux régionaux de l'Afrique dans le commerce mondial 1970 - 2010 (%)

		EXPORTATIONS					IMPORTATIONS		
		1970 -1979	1980 -1989	1990 1999	2000 -2010	1970 -1979	1980 -1989	1990 -1999	2000 -2010
AFRIQUE		4,9	4,1	2,4	2,8	4,3	4,0	2,4	2,5
	Afrique de l'Est	0,6	0,3	0,2	0,2	0,7	0,4	0,3	0,3
	Afrique Centrale	0,4	0,4	0,3	0,4	0,3	0,3	0,1	0,2
	Afrique du Nord	1,7	1,5	0,8	1,0	1,5	1,6	0,9	0,9
	Afrique Australe			1,07	0,6	0,8	0,9	0,7	0,8
	Afrique de l'Ouest	1,3	0,9	0,5	0,6	1,1	0,8	0,4	0,4
COMESA		0,2	1,1	0,1	0,1	1,2	1,3	0,7	0,6
CAE		0,4	0,4	0,3	0,4	0,2	0,2	0,1	0,1
CEDEAO		1,2	0,9	0,5	0,6	1,0	0,8	0,4	0,4
SADC		1,6	1,4	0,9	1,0	1,3	1,2	0,9	0,9

Source: OCDE et EUROSTAT

5.2. L'arrimage aux devises étrangères

Dans le fonctionnement actuel du système monétaire international, basé sur le régime de taux de change flottant depuis les accords de Kingston(Jamaïque) de 1976, la CEDEAO pourra adopter une parité fixe de sa monnaie, soit par rapport aux trois monnaies, dollar, euro, yen, soit par rapport à l'une d'elles, en fonction de la part plus importante du pays émetteur, dans la structure de son commerce extérieur, de son degré d'ouverture et de son degré d'intégration financière avec les États-Unis, l'Union européenne et le Japon.

Si elle choisit la fixité de parité avec une seule devise, alors l'euro sera préférable. Mais, le développement des économies des pays - membres de la CEDEAO pourra leur permettre d'avoir une part relativement importante des marchés des pays d'Amérique et d'Asie, probablement, dans les mêmes proportions que ceux de l'Europe. Dans de telles perspectives, il est désirable que la zone monétaire CEDEAO arrime aussi sa monnaie, par une parité fixe, au dollar américain et au yen japonais. Dans cette optique, la théorie économique donne des explications scientifiques qui confirment le choix d'un tel arrimage.

En effet, la question de l'arrimage de la monnaie d'un pays à une devise étrangère a été abordée par plusieurs économistes. Pour l'arrimage de l'éco aux monnaies étrangères, référons-nous ici, à Lipschitz (1979) qui en a fait une formulation mathématique assez intéressante :

soit

la zone monétaire CEDEAO, « preneur de prix », avec l'hypothèse qu'elle exporte tous ses produits aux États-Unis et importe tout du Japon.

T, les termes de l'échange

S^{us}, le prix du dollar en monnaie nationale (monnaie communautaire CEDEAO, l'éco)

$S_{y/s}$,le prix en yen du dollar

P^a_x, le prix des exportations en dollars

P^j_m, le prix des importations en yen

$$T = P^a{}_x . S^{us} / P^j_m (S^{us} / S_{y/s}) = (P^a_x / P^j_m) S_{Y/S} \qquad (10)$$

Ainsi, les termes de l'échange de la zone CEDEAO, comme l'indique l'équation (10), ne semblent pas dépendre de son propre taux de change. Ils dépendent uniquement des prix des produits fixés dans les deux grands pays partenaires commerciaux (USA et Japon) et du taux de change entre ces deux pays. Au cas où le taux de change yen-dollar ne diverge pas par rapport à la parité du pouvoir d'achat, les fluctuations du taux de change ne peuvent affecter les termes de l'échange de la zone CEDEAO. Par contre, quand les termes de l'échange diffèrent de la parité du pouvoir d'achat, il y a possibilités de perturbations (chocs) sur les termes de l'échange, auquel cas il importe de savoir si la zone CEDEAO adopte une parité fixe par rapport au yen, au dollar ou à un panier de monnaies. Or, les perturbations contre les termes de l'échange affectent la distribution interne du revenu, les allocations de ressources entre les secteurs des biens échangeables et des biens non échangeables. Rationnellement, l'union monétaire CEDEAO devra négocier une parité fixe de l'éco, sa monnaie avec l'euro, le yen et / ou le dollar américain.

De nombreux économistes ont confirmé les critères déterminants du choix de l'arrimage d'une monnaie à autre monnaie.

Branson et Kaletseli - Papaefstratiou (1981) expliquent que « le choix de l'arrimage d'une monnaie à une autre monnaie, par un taux fixe, devra être déterminé par la structure géographique du commerce extérieur du pays considéré ». Ils donnent davantage de précisions : « En particulier, s'il commerce principalement avec un pays partenaire, il devra adopter la fixité de parité de change par rapport à la monnaie de ce partenaire, parce que la fixité de parité aidera à stabiliser, entre autres, les prix relatifs par compression des fluctuations de taux de change ». Les deux économistes, relèvent comme exemple, « l'arrimage des monnaies, de certains pays en développement, au dollar américain ou au défunt franc français » ; on peut citer aussi l'arrimage du franc CFA à l'euro dès sa mise en circulation, en 1999, dans certains pays de l'Union européenne.

En toute logique, la relation monétaire de la zone CEDEAO avec l'Union européenne, les États - Unis d'Amérique ou le Japon - et conformément à la démonstration ci-dessus - devra reposer sur l'arrimage, par une parité fixe, de l'éco, sa monnaie, avec l'euro, le dollar américain et/ou le yen, parce que, justement :

- la zone CEDEAO est un petit espace économique (price taking country), ayant une production très peu diversifiée, avec une rigidité de prix et de salaire, une mobilité imparfaite des facteurs de production, une ouverture sur l'extérieur, huit (l'ex-UEMOA) des 15 pays membres ayant eu une longue expérience de gestion de réserves communes en coopération d'abord, avec la France, puis, avec l'Union européenne ;

- l'Union européenne, les États-Unis d'Amérique et le Japon sont de grands partenaires économiques et commerciaux ayant comme monnaies respectivement, l'euro, le dollar et le yen qui sont des devises internationales.

Par référence à la théorie économique (cf., Lipchitz, 1979), « l'union monétaire CEDEAO doit arrimer sa monnaie, soit aux trois devises, soit à l'une d'elles. Mais, le volume de relations économiques (financières, commerciales, monétaires), l'existence passée et présente du franc CFA, l'expérience récente et présente de la gestion commune de réserves extérieures des pays africains de la zone CFA etc. militent en faveur de l'arrimage par une parité fixe, de l'éco à l'euro, du moins, dans un premier temps. Mais, l'arrimage, en même temps aux deux autres devises ne poserait pas de problème particulier, et serait même une anticipation raisonnable souhaitable » (Djelhi-Yahot, 2019).

Par ailleurs, les expériences infructueuses du « serpent monétaire et du tunnel européens », en Europe dans les années 1970, sont la preuve que la zone monétaire CEDEAO ne doit pas arrimer sa monnaie, l'éco, à un panier de monnaies. L'arrimage doit se faire séparément à l'euro, au dollar et au yen, les trois devises ne devant pas être pris sous forme d'un panier de monnaies. Ceci permet d'éviter, dans la détermination de la valeur et de la parité de l'éco, par rapport à une moyenne géométrique des trois devises fortes, potentiellement défavorable à l'éco et source probable d'instabilité chronique de taux de change, à l'exemple de celle intervenue dans la Communauté économique européenne, des années 1970.

Mais, avant tout arrimage, la valeur de l'éco doit être déterminée par rapport à chacune de ces devises, non pas par le calcul de la moyenne arithmétique de la valeur du franc CFA (de l'ex-UEMOA) et des autres monnaies des autres pays – membres de la CEDEAO(ZMAO), mais plutôt, par une moyenne géométrique qui traduit mieux la réalité économique. Par la suite, la valeur réelle ou d'équilibre de l'éco s'établira sur le marché de la monnaie, par rapport à toutes les autres monnaies.

VI. LA ZONE MONÉTAIRE CEDEAO EST VIABLE

À ce stade de l'analyse, deux questions peuvent se poser : la CEDEAO est-t-elle une véritable zone monétaire optimale ? Si non, sera – t- elle viable ? La réponse à la première question semble apparente, puisque nous avons déjà expliqué que la zone monétaire CEDEAO, sans être réellement optimale, peut l'être et être bénéfique aux pays – membres ; le processus est déjà enclenché, mais avec beaucoup de retard préjudiciable et au coût d'opportunité incalculable ; toutefois, l'analyse montre bien que la zone monétaire CEDEAO, dès son démarrage effectif, qui doit pouvoir intervenir à tout moment, par référence au concept d'endogenéité, aura un impact positif sur les économies africaines.

Mais, les leaders politiques de la région, sur recommandation des technocrates de la Commission Économique de la CEDEAO, se sont référés aux soi-disant critères de convergence et de stabilité macroéconomique - et non aux critères édictés selon la rationalité économique, pour retarder le début de fonctionnement de cette zone monétaire. Selon les explications données, ces critères de convergence n'auraient pas été réalisés.

En réalité, la plupart de ces chefs d'État ont plutôt pris en compte des considérations politiques, voire politiciennes privilégiant seulement les intérêts de leur propre pays au détriment de la communauté CEDEAO. Quand on déclare être panafricaniste, on doit pouvoir traiter les problèmes économiques de l'Afriques dans l'intérêt collectif africain ; or, seule la rationalité économique - et non les considérations politiques et partisanes - permet de le faire. Le vrai panafricaniste, c'est celui qui cherche à régler rationnellement les problèmes, surtout économiques, dans l'intérêt de tous les peuples africains.

La réponse à la seconde question, c'est bien oui, en tenant compte de la théorie et de l'économie positive. En effet, sans être une véritable zone monétaire optimale (efficiente), la zone monétaire CEDEAO est viable. En réalité, si la décision de créer une union monétaire est le fait des hommes politiques, elle s'applique au domaine de la science économique éminemment mathématisée, de nos jours, qui obéit à une rationalité de l'Économie monétaire telle qu'expliquée antérieurement. L'absence de la prise en compte de critères économiques, c'est-à-dire des critères de la zone monétaire optimale, dans les négociations sur le traité de Maastricht, a presque conduit l'Union européenne dans l'impasse économique. L'instauration de critères de convergence macroéconomique répressifs ou antiéconomiques (cf. chapitre deuxième), la non prise en compte de la presque totalité des facteurs déterminants édictés par la théorie économique, dans le processus d'intégration des pays de la CEDEAO, biaisent complètement les prises de décision et retardent irrationnellement la mise en place effective et le début de fonctionnement de l'union ; les prétendus critères de convergence macroéconomique, jamais réalisés, ne reflètent pas toujours la réalité économique, et certains parmi ces critères, ne sont fondés sur aucune rationalité économique.

Mais, dans les paragraphes précédents, nous avons démontré, d'une part, que les avantages(bénéfices) que pourra engranger la zone monétaire optimale(efficiente) CEDEAO sont réels, et d'autre part, que les critères d'optimalité seront remplis ex-post, si cette zone fonctionne effectivement, sans délai. Elle a surtout l'avantage d'avoir, en son sein, une ancienne union monétaire (l'UEMOA) qui avait déjà obtenu, au fil des décennies, des résultats encourageants. De plus, certaines structures communautaires fonctionnent déjà. L'Institution Monétaire de l'Afrique de l'Ouest, créé en 2001, œuvre à la réalisation des différents mécanismes et techniques monétaires nécessaires et a permis d'avoir, l'éco, la monnaie CEDEAO.

VII. LA ZONE MONÉTAIRE CEDEAO ET LA FUTURE ZONE MONÉTAIRE AFRICAINE (ZMA)

Le Traité d'Abuja de 1991 a jeté les bases de la création d'une seule zone monétaire au niveau du continent africain (cf. article 44, alinéa g), avec la création de la monnaie unique et d'une banque centrale africaine en 2021, sauf qu'il a ignoré complètement la théorie de la zone monétaire optimale endogène, au point que sa réalisation est projetée à l'année 2063 par le Traité de la ZLECA signé à Kigali en 2018. Sa formation, à travers le processus d'intégration par les marchés et par séquences, c'est-à-dire des étapes successives de créations de zones régionales et / ou de renforcement de zones régionales existantes, puis d'intégration des zones monétaires régionales en zone une zone continentale, est complétement hors du concept d'endogenéité. Comme dans toute zone monétaire, les membres de cette future Zone Monétaire Africaine (ZMA) engrangeront des avantages économiques tels que préconisés par la théorie de la zone monétaire optimale et présentés antérieurement (cf. chapitre premier et chapitre troisième). Mais, pour parvenir à une zone monétaire continentale africaine véritablement efficiente, sans grand coût d'opportunité, il va falloir passer directement et immédiatement à son fonctionnement effectif, pour éviter un quelconque temps imparti qui n'a plus de raison d'être respecté, en raison du concept d'endogénéité.

Mais, la zone monétaire CEDEAO et la zone monétaire continentale africaine seraient véritablement efficientes si :

-la banque centrale de chacune de ces zones monétaires, sans être indépendante du pouvoir politique, bénéficiait d'une marge de manœuvre opérationnelle et technique (comme c'est le cas en Grande Bretagne);

-elles adoptaient un régime de change fixe avec leurs principaux partenaires commerciaux, c'est-à-dire les États-Unis, l'Union européenne et le Japon (cf. Heller, 1978 ; Weil, 1987 ; Savvide, 19990). Une petite économie, ouverte sur l'extérieur, mais faiblement intégrée dans le système financier international et dans le système commercial mondial qui ne peut éviter l'inflation mondiale à cause des effets de substitution de devises, ,doit adopter un régime de change fixe, avec ses partenaires commerciaux ; Or, l'Afrique toute entière, représente 4% du PIB mondial, avec 2% du commerce mondial, manque de système financier et importe l'inflation de l'Occident à travers le mécanisme de substitution de devises. La logique économique veut qu'elle adopte un régime de change fixe avec ses principaux partenaires occidentaux que sont l'Union européenne, les États-Unis et le Japon.

- elles arrimaient leurs monnaies à celles de ces principaux partenaires commerciaux, à savoir le dollar, l'euro et le yen ;

- elles pratiquaient une politique monétaire optimale, basée principalement sur la règle de Taylor (ou sur le modèle Bernanke-Frank), et non sur l'approche monétaire de la balance des paiements (et ses variantes), une théorie dont le moins que l'on puisse dire est qu'elle est fragile.

CONCLUSION GÉNÉRALE

Dans ce livre, nous avons démontré que le report de la mise en circulation de l'éco, la monnaie commune de la CEDEAO, qui a renvoyé, une fois de plus, à plus tard, c'est-à-dire à 2027, le début du fonctionnement de la zone monétaire CEDEAO, est très dommageable à l'économie de la sous-région ouest africaine, et même à l'Afrique toute entière. Ce report inopportun repose sur des considérations d'ordre politique et sur les fameux critères de convergence macroéconomique. Or, la logique politique qui le sous-tend, est beaucoup plus politicienne donc arbitraire et non scientifique ; cette logique est même incompréhensible politiquement, puisqu'elle est coûteuse socialement (car de nombreux emplois aurait été créés) et économiquement (la non création de PIB additionnel) pour l'Afrique de l'Ouest, en période de grave crise économique provoquée par la CODIV-19, période où le relance de l'économie aurait dû être la priorité. Les critères de convergence macroéconomique qui constituent l'autre base de la prise de décision relative au report de la mise en circulation de l'éco, sont, soit fragiles, soit répressifs, soit totalement erronés et antiéconomiques. Tout naturellement, une telle prise de décision comporte un coût d'opportunité incalculable et retarde davantage le développement économique de l'Afrique de l'Ouest. Dans cette prise de décision inappropriée, aux conséquences potentiellement dévastatrices pour les économies des pays-membres et socialement catastrophiques pour les populations, la responsabilité des décideurs politiques est – certes engagée - mais, les vrais coupables, ce sont les soi-disant technocrates et autoproclamés économistes qui formulent des concepts erronés, sans fondement scientifiques et conseillent – maladroitement et irrationnellement - les leaders africains et contribuent à assombrir, chaque jour un peu plus, le destin des peuples d'Afrique. Par-delà tout, ce libre est aussi un cri de cœur pour dire que quand les vrais sachants sont là, il faut éviter de faire appel aux spécialistes de « bricolage économique » qui causent tant de torts aux économies et peuples africains. J'ose espérer que les leaders politiques africains réalisent qu'ils se sont mépris sur leur compte en les consultant ; il faut donc ignorer tout simplement le bricolage économique de ces charlatans pour s'en remettre à la rationalité économique. Dans cette optique, il est nécessaire de prendre en compte la théorie de la zone monétaire optimale endogène, rappelée et clairement expliquée dans le détail ici, pour mettre sans délai, en circulation l'éco, la monnaie commune de la CEDEAO et/ ou la monnaie unique continentale africaine. Ceci permettra de remplir, ex-post, la plupart des critères scientifiques déterminés par la théorie économique (cf., théorie de la zone monétaire endogène), pour permettre à l'Afrique, d'engranger des bénéfices nets positifs pour les économies africaines et accélérer le processus du développement économique en Afrique.

Sur le terrain proprement scientifique, il n'y a donc plus de raison de retarder davantage le début du fonctionnement effectif de la zone monétaire CEDEAO et de la zone monétaire continentale africaine.

Abidjan, le 2 décembre 2020

ANNEXE

L'EFFICACITÉ DE LA GOUVERNANCE ÉCONOMIQUE

Mundell (1969, 1997) a fait allusion à l'efficacité de la monnaie qui diminue quand le nombre de monnaies utilisées augmente sous le régime de change flexible. Mongelli (2002) a soulevé la question importante de l'efficacité de l'ajustement du taux de change comme facteur déterminant de la zone monétaire optimale en termes d'effet sur la balance externe. Dans ce cas de figure, la politique économique serait destinée à rétablir l'équilibre externe, laissant de côté l'aspect interne de l'équilibre et les autres instruments de politique monétaire. Nous pensons donc qu'il est nécessaire d'introduire l'efficacité de la politique monétaire, dans son entièreté, en prenant en compte la variation du stock de monnaie, c'est - à - dire la masse monétaire sous ses formes de M_1 ou M_2, comme facteur déterminant de la zone monétaire optimale.

Soit l'équation suivante :

$$f(B_g) = f(M, T, G)$$

avec M = masse monétaire

T = taux d'imposition

G = dépense publique

La combinaison de M, T et G, à leur niveau optimal respectif, impacte significativement le degré d'efficacité de la politique économique dans l'économie d'un pays ou d'une zone monétaire et permet de réaliser plus que l'équilibre, l'optimalité de la production(PIB). Or, la production optimale conduit à la réalisation de bénéfices nets optimaux lorsque l'on raisonne en termes de coûts/bénéfices, grâce aux performances économiques optimales du pays ou de l'union monétaire (cf., chapitre troisième suivant).

La courbe de Laffer donnera le taux d'imposition optimal quand l'exécution des dépenses publiques sera assurée, de façon optimale, grâce au contrôle efficace effectué par des contrôleurs compétents et indépendants qui n'ont aucun comportement bureaucratique. Ceci aura une incidence plus prononcée sur les transferts de fonds qui réduisent les écarts de chômage entre les pays membres de l'union monétaire frappés par un choc asymétrique et les autres États - membres.

La politique monétaire optimale peut être représentée par la règle de John Taylor qui, au contraire des différentes théories de l'approche monétaire de la balance des paiements, prend en compte davantage d'agrégats et indicateurs économiques d'un pays (taux de croissance, PIB, écart de l'output, indice des prix, taux d'intérêt, taux directeur de la banque centrale) et conduit à de meilleurs résultats.

Toutefois, pour déterminer cette politique monétaire optimale, il faut adopter un mécanisme de prise de décisions qui contribue à la maximisation de la fonction $f(B_g)$, c'est-à-dire la réalisation de la bonne gouvernance avec ou sans indépendance de la banque centrale.

En situation d'indépendance de la banque centrale, une collaboration (coopération) entre les autorités monétaires et le gouvernement devra permettre d'obtenir la politique monétaire optimale (M).

Au cas où la banque centrale n'est pas indépendante du pouvoir politique, des décisions rationnelles prises au niveau de l'État, c'est-à-dire le gouvernement et la banque centrale, permettront d'appliquer une politique monétaire optimale(M).

Dans le premier cas, la coordination et l'harmonisation peuvent ne pas être nécessaires s'il est institué une réglementation qui contraint les autoritaires monétaires à déterminer (par exemple économétriquement) le niveau optimal de la variable - cible M.

En conséquence, la maximisation de l'équation de la gouvernance économique (qui conduira à la bonne gouvernance économique) (cf. le chapitre troisième suivant) impactera positivement l'efficacité des politiques monétaire, fiscale et budgétaire. Mathématiquement (cf. démonstration mathématique en annexe), il s'agit de :

$$\text{Max } f(B_g) = f(M, T, G), \text{ avec } f'(B_g) = 0 \text{ et } f''(B_g) < 0$$

On en conclut que la bonne gouvernance économique qui est la collecte et l'allocation optimales des ressources publiques, à des fins de développement économique, impacte significativement l'efficacité de la politique économique qui, elle-même, est un facteur déterminant de la zone monétaire.

L'équation de la bonne gouvernance est représentée sur le graphique n° 1. Ci-après. À partir des courbes de Laffer et de Barro et du diagramme qui donne l'équilibre sur le marché de la monnaie, on détermine l'équilibre qui s'apparente alors au point d'optimalité. Ainsi on obtient le diagramme de la bonne gouvernance. Explication : la détermination du taux d'imposition optimale t^*, permet la collecte d'un revenu optimal R^* (figure 1) et engendre un taux de croissance g^* (figure 2) selon Barro. Ce taux, à son tour, conduit à une production optimale Y^* qui se situe au niveau où l'offre globale O_g et la demande globale D_g des biens se rencontrent au point d'équilibre C (figure 3) qui est, en même temps, le point d'équilibre de l'offre globale et de la demande globale déterminé par les courbes IS-LM (figure 4). Ainsi, à la production optimale Y^* répond une demande de monnaie appropriée, donc optimale M^{d*} avec laquelle l'offre de monnaie M^s s'équilibre au point E (figure 5) où elle rencontre la demande de monnaie M^d, au taux d'intérêt optimal r^* préalablement déterminé par les courbes IS - LM.

Graphique n° 1

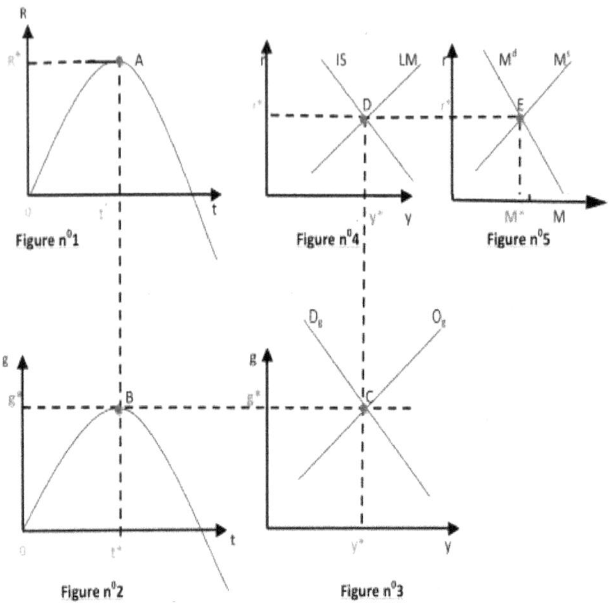

L'ÉQUATION DE LA BONNE GOUVERNANCE ÉCONOMIQUE

Dans un espace économique ou une union monétaire, tout comme dans un pays, la bonne gouvernance économique (B_g) est fonction d'un ensemble de variables et de comportements économiques (Djelhi-Yahot, 2017) qui sont :

- Y, le produit intérieur brut (PIB) ;
- M, la masse monétaire ;
- T, le taux d'imposition sur le revenu ;

- G, les dépenses publiques ;

- E_o, le niveau d'emprunts obligataires ;

- I_c, l'indépendance des contrôleurs ;

- F_x, le financement extérieur ;

- L_n, le produit de la loterie nationale ;

- E_d, la compétence des contrôleurs de la dépense publique ;

- B_a, le degré de comportement bureaucratique des agents de l'Etat.

Avec $Y = C + I + G$, en économie fermée.

Soit

$$f(B_g) = f(Y, M, T, G, E_o, I_c, F_X, L_n, E_d, B_a) \qquad (1)$$

Si l'on fait l'hypothèse que les contrôleurs de la dépense publique sont indépendants, bien formés et n'ont pas de comportement bureaucratique, alors l'équation (4) devient

$$f(B_g) = f(Y, M, T, G, E_o, F_x, L_n) \qquad (2)$$

Mais, si l'on considère que E_o, F_x, L_n sont intégrés dans les dépenses publiques (G) et font l'objet de contrôle rigoureux, donc de gestion optimale, alors on peut dire que

$$f(B_g) = f(Y, M, T, G) \qquad (3)$$

Ainsi la bonne gouvernance économique est fonction du produit intérieur brut (PIB), de la masse monétaire (M), du prélèvement fiscal (T) et de la dépense publique (G) :

$$f(B_g) = f(Y, M, T, G) \qquad (4)$$

Dans notre système d'économie ouverte,

$$Y = C + I + G + X - M \qquad (5)$$

Avec C = Consommation

I = Investissement

G = Dépenses publiques

X = Exportations

M = Importations

Si nous posons que les exportations nettes sont égales à

$$X - M = \bar{X}$$

Alors l'équation (4) devient

$$f(B_g) = f(Y, M, T, G, \bar{X}).$$

Or, les exportations nettes ($\bar{X}$) sont taxées, et l'effet de taxation est pris en compte dans le taux de prélèvement optimal (T) ; alors

$$f(B_g) = f(Y, M, T, G) \qquad (6)$$

Même dans l'hypothèse d'une balance commerciale déficitaire du pays, c'est-à-dire

$$X - M < 0$$

où les conditions de dévaluation seraient réunies, ce qui veut dire qu'en plus du fait que les exportations nettes sont négatives ($X - M < 0$), la monnaie du pays est surévaluée (parce que l'indice du taux de change effectif réel est supérieur à 100) et le théorème des élasticités critiques (ou condition de Marshall - Lerner) est vérifié, la décision de dévaluer la monnaie pour corriger le déficit commercial, relève de la politique monétaire et serait prise en compte dans la détermination optimale de la masse monétaire M. Dans ces conditions, l'équation (6) reste la même :

$$f(Y, M, T, G) \qquad (7)$$

En se référant à l'équation (6) où Y est mesuré par le PIB, la somme des valeurs ajoutées créées, on s'aperçoit que même si l'Etat contribue à sa création, le PIB est principalement le fait des ménages et des entreprises, donc du secteur privé. Dans une économie, l'Etat a pour rôle de créer les conditions (environnement économique et juridique) propices aux activités de production. Par ses politiques économiques (monétaire, fiscale et de dépenses publiques) et la définition de l'environnement économique, l'Etat régule la création de richesses (PIB) dans une économie ; mais, il ne gère pas directement la majeure partie du PIB, parce que créé principalement par le secteur privé. Il n'utilise que la composante G du revenu Y (PIB) dans sa politique budgétaire, déjà prise en compte dans l'équation. De la même façon, la politique monétaire consistant en l'usage de M, intègre systématiquement l'aspect gouvernance monétaire dans l'équation.

Or, la gouvernance, c'est la manière dont l'Etat collecte et fait usage des ressources financières publiques à des fins de développement économique. Y est déjà pris en compte, en partie au niveau de G, une de ses composantes, et en partie, au niveau de M répondant aux besoins de financement exprimés dans l'économie (en termes de consommation et d'investissement). M, T et G sont les seules variables sur lesquelles l'Etat peut agir directement. En définitive, l'équation de la bonne gouvernance économique se présente sous la formule suivante :

$$f(b) = f(M, T, G) \qquad (8)$$

La bonne gouvernance économique est, en réalité, un des principaux critères auquel s'ajoutent les autres critères que l'on peut qualifier de plus ou moins secondaires. Elle impacte, beaucoup plus significativement, le développement de l'économie aussi bien dans un pays que dans une zone monétaire. En effet, se situant à un niveau optimal, elle ne peut que conduire à la réalisation de performances économiques optimales qui, à leur tour, occasionneront des bénéfices nets optimaux.

Que l'on raisonne ex-post (en termes d'endogénéité) ou ex-ante, ces critères sont pris en compte pour la réalisation d'une zone monétaire véritablement optimale, du moins telle que nous l'entendons ici, le caractère optimal s'appréciant strictement par le niveau de maximisation des bénéfices nets procurés à l'ensemble des Etats - membres de l'union et non par le seul et simple fait de l'intégration dans une union monétaire.

L'équation de la bonne gouvernance peut être représentée graphiquement, à partir de la combinaison des courbes de Laffer et de Barro et du diagramme qui permet l'équilibre sur le marché de la monnaie (cf. Graphique ci-dessous), équilibre qui s'apparente alors au point d'optimalité. On obtient ainsi le diagramme de la bonne gouvernance économique. On peut expliquer la détermination graphique ci-dessous, comme suit : la détermination et l'application d'un taux d'imposition optimal t * permettent de collecter un revenu fiscal optimal R* (figure n°1) et engendrent un taux de croissance économique g* (figure 2) selon Barro. Ce taux de croissance, à son tour, permet d'acquérir une production totale optimale Y* qui se situe elle-même au niveau où l'offre globale (Og) et la demande globale (Dg) des biens se rencontrent au point d'équilibre C. Ce point C est en même temps l'optimum et correspond au point d'équilibre D de l'offre globale (Og) et de la demande globale (Dg), déterminé par les courbes IS-LM (figure n°4). A la production optimale Y* répond une demande de monnaie appropriée, donc optimale Md* avec laquelle l'offre de monnaie Ms s'équilibre au point E où elle rencontre la demande de monnaie(Md), au taux d'intérêt optimal r* (figure n°5) préalablement déterminé par les courbes IS-LM.

Graphique n° 1

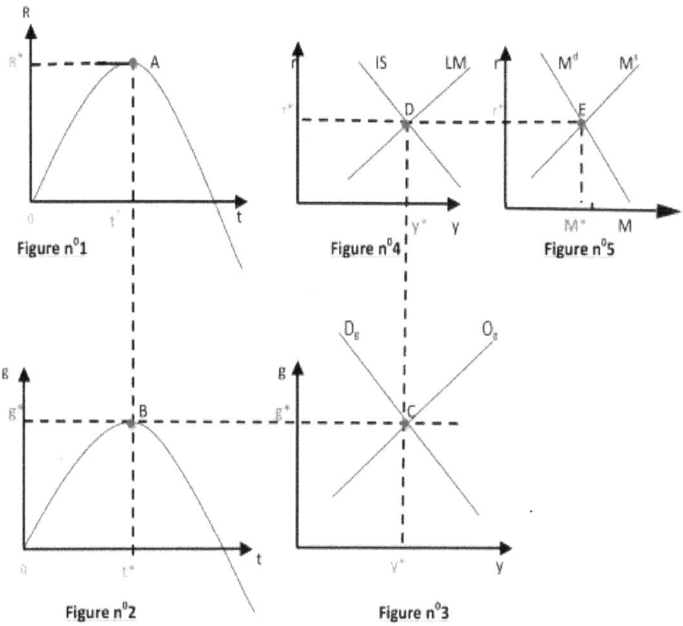

UNE NOUVELLE APPROCHE : LA ZONE MONÉTAIRE EFFICIENTE

La théorie économique qui sous-tend la création d'une zone monétaire optimale ne donne pas une idée réelle de l'optimalité tant du point de vue économique que mathématique. Dans ce chapitre, nous tenterons de le démontrer.

I. L'APPROCHE TRADITIONNELLE DE L'OPTIMALITE D'UNE ZONE MONÉTAIRE

Dans la démonstration de Mundell (1962), à l'aide de deux Pays A et B, la mobilité des facteurs de production (travail et capital) permet de réaliser l'équilibre dans l'un ou l'autre pays en fonction de la situation. De même, la flexibilité des salaires et des prix conduit au rééquilibrage dans l'un ou l'autre pays selon la situation économique donnée.

La diversification (Kenen, 1969) permet d'amoindrir les effets des chocs asymétriques, et même de les rendre symétriques dans une même zone monétaire ; grâce à l'élargissement de la taille de l'économie, elle permet d'atteindre un niveau de production optimale et contribue à réduire le déséquilibre.

De même, les autres critères édictés par la théorie de la zone monétaire optimale contribuent à réduire le déséquilibre, grâce à l'augmentation de la production, à travers le déplacement, plus à droite, de la courbe des possibilités de production (cf. courbes ci-dessous) dans un pays

Graphique n° 4 : Courbes de possibilités de production

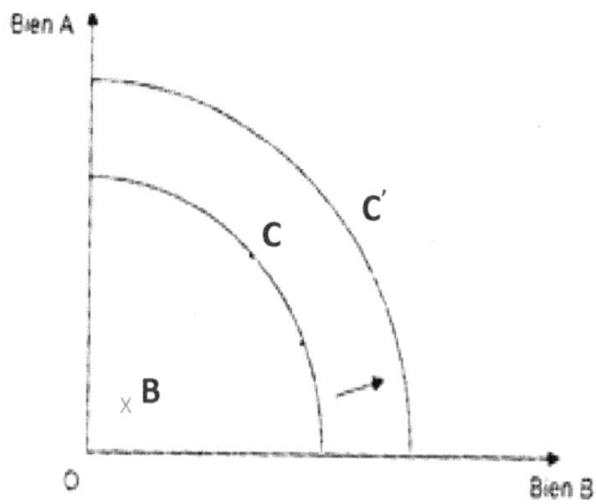

En effet, dans un pays donné, produisant deux biens A et B, les courbes C et C' (sur le graphique n° 4) représentent les possibilités de production maximale en fonction des différentes combinaisons des facteurs de production. En dessous de C et C', c'est – à – dire au point B, par exemple, on se trouve en situation de sous – emploi des facteurs de production. Le déplacement de la courbe C à C' indique le processus de croissance à partir des différentes combinaisons des facteurs de production qui ne sont pas toujours substituables. Réaliser l'optimalité consiste donc à repousser autant que possible les possibilités de production, de manière à obtenir la production au point d'optimum, en d'autres termes, à acquérir les performances économiques maximales pour un pays donné, à un moment donné.

Evidemment, pour les pays africains dont les économies se trouvent nettement en deçà de la courbe de production maximale, le problème c'est comment s'y rapprocher et y parvenir dans un délai raisonnable. D'autres facteurs tels que « les comportements, l'inefficacité du marché, la mauvaise circulation de l'information, l'insuffisance d'entrepreneurs, le manque de prises de risque, l'instabilité politique, les guerres civiles, les rébellions, la rigidité des prix, les contraintes familiales, etc. Constituent des contraintes qui les retardent », comme le soulignent J. Brasseul et C Lavrard (2016), malgré la tentative de leur prise en compte par la courbe dite « le labyrinthe des possibilités de production » proposée par Henry Bruton (1998) qui d'ailleurs montre bien les difficultés de progression dans le processus de développement. Pourtant à notre avis, elle a le mérite de mieux expliquer le processus du développement économique en Afrique, même si elle ne peut permettre de l'accélérer de façon satisfaisante. Comme l'indique cette courbe sur le graphique n°5 (cf. page suivante), le processus de développement est un véritable parcours du combattant, « à travers des barrières ou en les contournant, la société avance de façon discontinue, en essayant une voie, puis une autre, en se trompant et en revenant en arrière » ; autrement dit, le processus avance , en Afrique, à tâtons, avec peu de rationalité et les remises en cause incessantes ou les cramponnements à des modèles erronés et inefficaces, dans un environnement économique fait de corruption excessive, de liberté limitée, de systèmes de marchés inefficaces, de gestion économique et financière sans transparence, participation et responsabilisation (accountability) véritables.

Graphique n° 5 : le labyrinthe des possibilités de production de Bruton

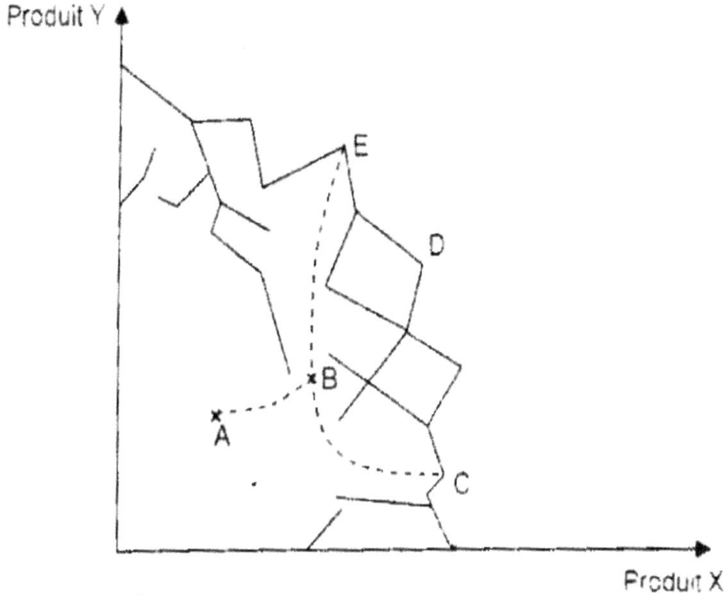

II.UN NOUVEAU CONCEPT : l'EFFICIENCE

En réalité, la courbe des possibilités de production peut ne pas correspondre au point d'optimum de la production. Alors, en ce qui concerne l'optimalité d'une zone monétaire, on est en droit de se poser des questions : est-ce la taille de la zone monétaire qui est optimale ou l'équilibre de l'économie qui se réalise au point d'optimum ? Ou bien ce sont les bénéfices et les coûts ou les bénéfices nets qui atteignent un niveau optimal ? Est-ce que l'équilibre atteint dans les économies des Etats - membres d'une zone monétaire optimale est optimal ? Malgré l'impact positif certain de la création de la zone monétaire sur les performances économiques, rien ne permet de dire que le niveau de ces performances économiques se situe au point d'optimum tant économique que mathématique.

Du point de vue de la théorie économique, un niveau de production donné est optimal quand le bénéfice marginal est égal au coût marginal.

Cet état d'optimalité économique est dérivé du principe mathématique de détermination des extrema d'une fonction qui situe le point d'optimum là où la dérivée première de la fonction est égale à zéro et sa dérivée seconde est négative, soit

$$f'(x) = 0$$

$$\text{et } f''(x) < 0$$

Par référence à la détermination mathématique du point d'optimum d'une fonction, un niveau de production ne peut être optimal, au sens économique, que s'il est le plus élevé possible à partir d'une combinaison de facteurs de production donnée. Or, les critères de la théorie de la zone monétaire permettent d'atteindre seulement un niveau d'équilibre de la production nationale (PIB) - qui n'aurait pas été possible en absence de zone monétaire - et non un niveau d'optimalité tel que nous venons de définir. Parler donc d'optimalité d'une zone monétaire ici n'est pas tout à fait juste, puisque l'optimalité est différente de l'équilibre dans la mesure où le point d'optimum, en Sciences Economiques, n'est pas forcément le point d'équilibre, même si les deux points peuvent parfois coïncider.

En raisonnant en termes d'avantages (bénéfices) par rapport aux coûts (inconvénients) que chaque pays tire ou subit à être membre d'une zone monétaire, l'analyse marginaliste ne peut réellement permettre de dire qu'une zone monétaire est optimale que lorsque l'on raisonne ex-ante et en termes statiques, puisque, d'une part, le coût marginal et le bénéfice marginal ne peuvent être calculés qu'à partir des données statistiques collectées, et d'autre part, l'égalité entre bénéfice marginal et coût marginal implique qu'on a atteint le point d'optimalité et qu'il n'y a plus rien à rechercher.

Or, l'économie est en perpétuel mouvement et l'état de développement qui en résulte, est un stade transitoire d'un processus pour davantage de progrès social. De ce point de vue, et en raisonnant ex-post, l'analyse marginaliste de la théorie de la zone monétaire optimale ne semble pas tout à fait satisfaisante pour juger de l'optimalité d'une zone monétaire.

Soit x_i, les bénéfices de la branche d'activité i d'un pays

y_i, les coûts de la branche d'activité i du pays.

b, l'ensemble des bénéfices nets du pays, c'est-à-dire la somme des bénéfices moins la somme des coûts de toutes les branches, soit

$$f(b) = \sum (x_i - y_i) \qquad (1)$$

Maximiser les bénéfices nets du pays, c'est chercher à déterminer leur niveau le plus élevé possible, c'est-à-dire leur niveau optimal. Mathématiquement, il s'agit de chercher le point d'optimum de la fonction des bénéfices nets totaux du pays, soit

$$\text{Max } f(b) = \sum (x_i\ y_i) \qquad (2)$$

f(b) est au point d'optimum quand la dérivée première est égale à zéro et la dérivée seconde est négative, c'est-à-dire

$$f'(b) = 0$$

$$\text{et} \quad f''(b) < 0$$

Soit B, l'ensemble des bénéfices nets d'une zone monétaire, constitués par la somme des bénéfices moins les coûts de toutes les branches, sur une période allant de 1 à n.

X = la somme des bénéfices par branches

Y = la somme des coûts par branches

Au temps t_1, $B_1 = \sum(X_1 - Y_1)$

Au temps t_2, $B_2 = \sum_{1}^{2}(X_2 - Y_2)$

....

....

....

Au temps t_n, $B_n = \sum_{1}^{n} (X_n - Y_n)$

Il s'agit donc de maximiser l'ensemble des bénéfices nets de l'union monétaire

$$\text{Maximiser } B = \text{MAX} \sum (X - Y) \qquad (3)$$

La fonction f(B) détermine, à chaque moment, le niveau de bénéfices nets de l'union monétaire. A chaque étape du processus de développement économique et d'intégration, correspond un niveau de bénéfices nets totaux résultant des performances économiques. Il existe donc plusieurs niveaux de bénéfices nets de l'union monétaire qui varient d'une période à l'autre, et qui, pour la même période, dépendent des différences entre les bénéfices et les coûts, eux-mêmes soumis aux performances économiques, c'est-à-dire à la capacité productive de la zone monétaire. Or, la zone monétaire optimale, telle que définie par la théorie traditionnelle, indique simplement qu'il y a plus d'avantages, donc de bénéfices pour les pays, à former une zone monétaire qu'à conduire individuellement et séparément, leurs économies, puisqu'elle permet de rééquilibrer les économies respectives en termes de niveaux d'inflation, d'emploi et de compte extérieur.

Sur le graphique n° 6, ci-dessous, l'égalité entre bénéfice marginal et coût marginal détermine la taille optimale de la zone monétaire. On peut en déduire que, sur le marché des biens et services, du point de vue microéconomique (si on considère l'union monétaire comme une entité de production), la production est à son niveau optimal parce que bénéfice marginal et coût marginal sont égaux. Or, il s'agit ici de raisonner du point de vue macroéconomique (car, 'il est question d'espace économique) et de maximiser plutôt l'équation (3), soit

$$\text{Maximiser } B = \sum (X - Y) \qquad (4)$$

C'est – à - dire maximiser la somme des bénéfices totaux dans l'économie, en obtenant l'égalité entre bénéfices et coûts marginaux, ce qui revient à déterminer aussi la taille optimale de l'union monétaire en question.

Mais, pour un pays ou une zone monétaire (un ensemble de pays), il est difficile de quantifier bénéfices et coûts marginaux, surtout quand on prend en compte tous les coûts et bénéfices sociaux.

Graphique n° 3 : Courbe des coûts et bénéfices marginaux

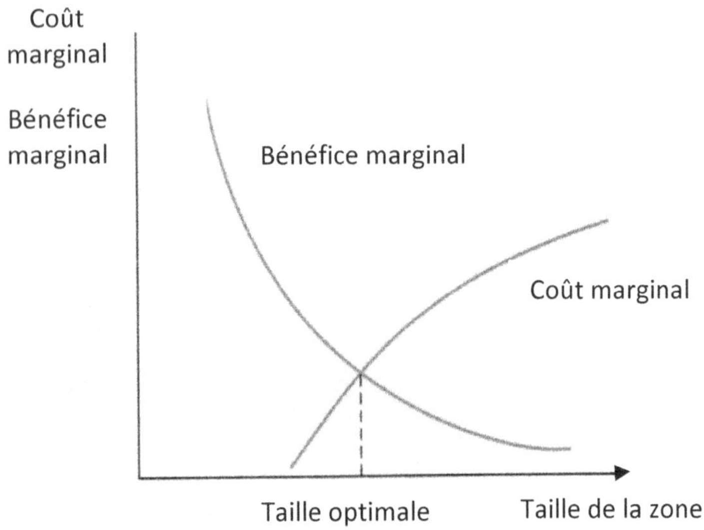

Si l'union monétaire conduit à la réalisation de performances économiques élevées, partant de plus d'avantages, rien n'indique que les niveaux de performances et d'avantages économiques, à chaque stade, se situeront au point de l'optimum, c'est-à-dire au niveau le plus élevé possible, dans la mesure où la zone monétaire conduit à un point d'équilibre, et que l'équilibre diffère de l'optimum.

Dans sa théorie de la zone monétaire optimale, Mundell (1961) raisonne en termes de réalisation de l'équilibre, dans l'économie de deux pays A et B, par l'acquisition de faible taux d'inflation, de plein emploi et de l'équilibre externe (balance des paiements) grâce à l'existence de la zone monétaire. Que la formation de l'union monétaire permette d'obtenir l'équilibre dans l'économie des deux pays, selon le cas, ne pose aucun problème particulier si l'on prend en compte les hypothèses de départ.

Par contre, les niveaux d'inflation et de chômage et le solde de balance des paiements ainsi recherchés dans l'économie ne peuvent pas correspondre au point d'optimum. En effet, comment expliquer que l'on cherche à réaliser, dans l'union monétaire, les niveaux d'inflation et/ ou de chômage les plus élevés ? Peut-on obtenir simultanément ces deux points d'optimum dans une économie quand on sait, depuis l'économiste néo-zélandais Alban William Phillips (à partir de sa courbe dérivée en 1958, dénommée par la suite courbe de Phillips), que l'inflation et le chômage sont des variables asymétriques dans une économie ? Si on y parvenait, par absurdité logique, ce serait un non-sens économique, puisque l'objectif de la politique économique, c'est, rationnellement, d'obtenir plutôt leurs niveaux minima. Il n'est donc pas tout à fait juste et rationnel économiquement, de parler d'optimalité en ce qui concerne les niveaux d'inflation et de chômage dans les économies des Etats –membres d'une union monétaire.

En raisonnant en termes d'équilibrage des marchés du travail, des biens et services et de la monnaie, comme Mundell, on peut convenir que le déséquilibre sur chaque marché, dans un pays - membre, est corrigé par les transferts d'excédent budgétaires, de surplus d'offre de travail et par les effets prix de l'économie d'un autre pays – membre. Mais, encore une fois, rien ne prouve que le niveau de ces variables est optimal ou que les équilibres acquis correspondent à un niveau maximal.

En conséquence, dire qu'une zone monétaire est optimale, du seul fait du regroupement des pays membres, n'est pas, mathématiquement et économiquement, bien fondé. Bien sûr, plus la taille de l'union monétaire s'étend, plus la production de richesse (PIB) augmente, plus la probabilité que les ajustements se réalisent, dans l'économie nécessiteuse, est forte. Mais, rien ne prouve que le niveau de PIB qui en résultera représentera le point d'optimum, car le niveau de production varie également (même avec les mêmes combinaisons des facteurs de production) en fonction de la dynamique endogène (amélioration de connaissances et de savoir-faire, progrès technique, résultats de recherche-développement etc.)

Employer le mot optimal comme épithète, pour qualifier une zone monétaire tel que le fait la théorie économique traditionnelle, est donc inapproprié. On pourrait plutôt parler de « zone monétaire efficiente », dans la mesure où le terme efficient veut dire « ce qui conduit à de bons résultats », ce à quoi conduit justement une zone monétaire quand elle fonctionne à plein régime.

Toutefois, cette correction d'épithète qui permet de distinguer entre point d'optimum et point d'équilibre – tant du point de vue mathématique qu'économique - ne peut remettre en cause l'impact de la formation de zone monétaire sur les économies des Etats membres. C'est l'interprétation et la qualification de l'impact de la zone monétaire qui sont erronées, et non l'impact lui-même qui est réel et ne peut être réfuté.

De même, du point de vue de la logique économique, un niveau donné de performances et d'avantages économiques d'une union monétaire ne saurait, d'office, être qualifié d'optimal ; dans ces conditions, reposons la même question : qu'est-ce qui est optimal ? la taille de l'union monétaire, la production (PIB) ou le niveau des bénéfices ? En d'autres termes, Cherche-t-on à déterminer une taille optimale de zone monétaire en intégrant un ensemble de pays ou à regrouper des pays en une union monétaire pour leur permettre de réaliser le niveau le plus élevé possible - donc optimal - de performances économiques (PIB) afin d'obtenir le maximum d'avantages (bénéfices) nets ? Il apparait évident, dans notre entendement, qu'il s'agit du second cas de figure, c'est-à-dire la maximisation des bénéfices nets que procure l'union monétaire à ses membres, étant entendu que les bénéfices excèdent les coûts ; autrement, il n'y aurait pas d'avantages. Or, l'objet de la science économique, c'est la recherche du progrès social.

Former donc une union monétaire ne conduit pas automatiquement à l'acquisition d'avantages optimaux ; la création de la zone monétaire constitue une première étape, et le respect des critères de la zone monétaire permet, par la suite, d'atteindre un niveau de production optimale pour pouvoir acquérir des avantages et performances économiques optimaux, grâce aux critères identifiés, y compris la similarité des structures économiques (convergence macroéconomique) et à l'efficacité de la politique économique. La zone monétaire devient alors efficiente ; il faut plutôt parler de zone monétaire efficiente.

Que l'on raisonne en termes d'endogénéité (ex-post) ou ex-ante, les critères d'efficience doivent être pris en compte dans la formation ou le fonctionnement d'une zone monétaire véritablement efficiente, du moins telle que nous l'entendons ici, le caractère efficient s'appréciant strictement par le niveau de maximisation des bénéfices nets procurés à l'ensemble des Etats - membres de l'union et non par le simple fait de l'intégration dans une union monétaire.

BIBLIOGRAPHIE

ACEMOGLU, D. JOHNSON S. and ROBINSON J., 2005, "Institutions as the fundamental cause of the long run growth

ACEMOGLU, Daron, 2008, « An introduction to modern Economic Growth », *Princeton University Press».*

AETON and GEROVITCH, 1981, Debt with potential repudiation, in *Review of Economic Studies,*

AGENOR, P- R., and MONTIEL, P. J., 1996, Development Macroeconomics,

ALAGIDEDE, P .l, 2008, « Nominal exchange rates and price convergence, in the West African Monetary Zone", International Journal of Business and Economics

ALESSINA, A., BARRO, R., and TENREYERO, S., 2002 "Optimal currency areas, NBER Working paper.

ALOGOSKOUFIS, G. S. and SMITH, R., 1991, The Phillips curve, the persistence of Inflation and the Lucas critique: evidence from Exchange Rate Regime in *American Economic Review, 81 p1254-1275*

ALOGOSKOUFIS, G. S., 1992, Monetary accommodation, Exchange Rate Regimes and Inflation persistance in, *Économic Journal*

AMIN, S., 1970, L'accumulation à l'échelle mondiale

ARTIS, M.J. and CURRIE, D.A., 1981, Monetary Targets and the Exchange Rate: A case for conditional targets, Oxford.

ASDRUBALI, P. SORENSEN, B. and YOSHA, O, 1996, "Channels of interstate Risk-sharing 1963-1990 in *Quarterly Journal of Economics*

BALASSA, B., 1989, Comparative advantage trade policy and economic development.

BALASSA, B., 1965, Trade in liberalization and revealed comparative advantage in Manchester *Scholl, vol.33*

BARRO, R., and Gordon, D., 1983, Rules, discretion and reputation in a model of Monetary policy in *Journal of monetary Economics" 12, p10.*

BARRO, R., and SALA – I – MARTIN, X., Economic Growth, New York

BAUDIN, T., and STELLER, R., 2005, Rural Exodus and fertility at the time of Industrialization.

BAYOUMI, T. and EICHENGREEN, B. 1994, One money or many? Analyzing the Prospects for monetary Unification, in *NBER Working paper.*

BENASSY – QUERE, A., et COOPER, M.,, 2005, On the adequacy of exchange rate arrangements in Sub-Saharan Africa in *The World Economy, vol. 28.*

BEN – PORATH, Y., 1969, ", the production of human capital over time in Journal of Political Economy 75.

BECKER, G., 1964, Human capital: A theoretical and empirical Analysis with special Reference to education

BERGER, H. , JENSEN, H., and SCHJELDERUP, G., 2001, To peg or not to peg? A Simple model of exchange rate regime choice in small economies in *Economic Letter, vol.73*

BERNANKE, Ben, 1995, The macroeconomics of the Great Depression: A comparative approach in *Journal of Money, credit and Banking 27, p1-28.*

BERNANKE, Ben, 2013, Monetary policy and the global economy, *board of the FED.*

BETSEY Stevenson, and HOLFERS, Justin, 2008, Economic Growth and Subjective Well-being: reassessing the Aesterlin Paradox.

BERGER, H., JENSEN,, H.et SCHIELDERUP, G., 2001, To peg or not to peg? A simple Model of exchange rate regime choice in smakll countries, in *Economic Letter, vol73, pp161-167*

BHAGWATI, J., 1958, " Immiserizing growth: A geometrical note in *Review of Economic Studies*.

BHAGWATI, J., 1998, Yes to free trade, maybe to capital control in *Wall Street Journal.*

BLANCHARD, O., and KATZ,, 1992, Regional evolutions, in *Brooking Paper*

BLANCHARD, O., and WOLFERS, J., 2000, "The role of shocks and institutions in the rise of European unemployment; the aggregate evidence in The Economic Journal, 110 p1-33

BLANCHARD, O. 2017, Currency wars, coordination, and capital control in *International Journal of central banking, vol111.*

BORDO, Michael and SCHENK, Catherine, 2016, Monetary cooperation and coordination: an historical perspective on the importance of rules in *paper at Stanford University.*

BORDO, Micheal, 1984, "the gold Standard: The traditional approach. In a retrospective on the classical gold standard", 1821-1931 in *University of Chicago Press*

BORDO, Micheal, 1993, The Breton Woods international monetary system: A historical overview: In a retrospective on the Breton Woods system: lessons for International monetary reform in *University of Chicago Press.*

BORDO, Michael and SCHENK, Catherine, 2016, Monetary Policy Cooperation and Coordination: An Historical Prospective on the Importance of rules in *Paper for conference at Stanford University.*

BOUGHTON, J., 1989 Tearing down walls: the International Monetary Fund, 1990-1999 in *IMF Staff Paper*

BRAMOULLE, G., et AUGEY, D., 1998, Economie monétaire, Dalloz.

BRANSON, W. H., 1981, Exchange rate policy for developing countries, Grassman And lundberg edit..

BRASSEUL, J., et LAVRARD, C., 2016, Economie du développement, Arman Colin

BRUNO, M., and SACHS, J. 1985, Economics of Worldwide Stagflation in *Harvard University Press.*

BRUNO, V. and SHIN, H.S., 2012, "Capital flaws the risk-sharing channel of monetary Policy, BIS annual meeting.

BRUTON, H., 1998, A reconstruction of import substitution in *Journal of Economic Literature.*

BRUTON, H., 1985, The search for a Development Economics in *World Deveopment.*

BUCHANAN, J. and TULLOCK, G., 1972, The theory of public choice in *University of Michigan Press.*

BUITER, W, 2008, Economic, political, and institutional prerequisites for monetary Union among members of the GulfCooperation Council, in *Open Economic Review", 19, p579-612.*

BUITER, W., S. K. and VALEV, N., T., 2005, "Is the proposed East African Monetary Union an optimal currency area in *World Development.*

BUITER, H. W. 1998, "A reconsideration of import substitution in *Journal of Economic Literature*

BUITER, H. W., 2000, "Optimal currency area: why does the exchange rate matter? In *Scottish Journal of Political Economy*

BUITER, H.W., CORSETTI, G., PESENTI, P., 1995, A Center – Periphery Model of Monetary coordination and exchange rate crises in CERP Discussion.

BUTI, M. and SUARDY, M., 2000, Cyclical convergence or differentiation? The European Union: An agnostic evaluation in CEPR discussion paper

CALMFORS, Lars and DRIFFILL, John, 1998, Bargaining Structure, Corporatism and Macroeconomic Performance in *Economic Policy, vol3, PP13-61*

CALMFORS,L., 2001," Unemployment, Labor Market Reform, and Monetary Union in *Journal of Labor Economics.*

CALVO, G., and REINHART, C., 2002, Fear of floating, in *the Quarterly Journal of Economics, 117, pp379-408.*

CALVO, G. and REINHART, C., 1993, Capital inflows and the real exchange rate appreciation in Latin America in IMF Staff Paper

CESARANO, F., 2006, "The origins of the theory of optimum currency Areas in *History of Political Economy, p711-731.*

CHAINEAU, André, 1987, Qu'est-ce que la monnaie, éditions Economica

CLARK, G., and SMITH, B., 2012, Malthus, Wages, and preindustrial Growth in *The Journal of Economic history. Vol.78.*

CLARK, G.,1999, the Sun also rises: Surnames and the history of social mobility in *Princeton University Press.*

CLINE, W., 1982, Can Asian model of development be generalized? In *World Development.*

CLINE, William, 1984, International Debt: Systematic Risk and Policy Response in *Cambridge, Mass, MIT Press*

COLLINS, S. 1996, On becoming more flexible; exchange régime in Latin America and Caribbean in *Journal of Development Economics*

COLMANT, B., 2008, Présentation fiscale et économique du système belge, quelle Fiscalité pour le capital à risque ?

COOPER, R., 1977, Worldwide versus regional integration: The optimum size of the integrated area, in *Chicago University Press.*

COOPER, R., 1987, The International Monetary System: Essay in the World Economics in *MIT Press*

COOPER, R., 1977, Woldwide versus regional integration.: the optimum size of the Integrated area

CORSETTI, G., 1992, "A portfolio approach to endogenous growth Aeton's Model in Revisited" Paper 679

CORSETTI, G, and PESENTI, Paolo, 2002, Welfare and macroeconomic interdependence in *Quarterly Journal of Economics*

CORSETTI, Giancarlo, and PESENTI, Paolo, 2005, "International dimension of optimal Monetary policy, *Journal of monetary economics, vol. 52, p281-305*

CORDEN, W. M. 1977, Inflation, Exchange Rate and the World Economy, Oxford University Press.

CORDEN, W.M., 1983, Logic of the International Monetary system

CORDEN, W. M., 1985, on monetary transmission and coordination under flexible Exchange Rate.

DELLAS, H, 2005, "Mixed exchange rate systems, in *Journal of International Money and Finance" 24, p243-245.*

DELLAS, H., TAVLAS, G. S., 2005, Wage and monetary union, in *Economic Journal*

DE GRAUWE, P., 2007, The Economics of monetary union in *Oxford University Press.*

DE GRAUWE, P. et MONGELLI, F., 2004, « Endogeneities of optimum currency areas.

DE GRAUWE, P., 1989, International Money Postwar trends and theories in *Charenton Press, Oxford.*

DE LA CROIX, D., et BAUDIN, thomas, 2015, La croissance économique

DJELHI-YAHOT, S. A, 2017, Gouvernance en Afrique: la théorie générale de la gouvernance économique, éditions l'Harmattan, Paris.

DJELHI – YAHOT, S. A., 2001, La crise de liquidité dans l'économie ivoirienne des années 1980-1990.

DJELHI-YAHOT, S.A., 2019, Croissance économique sans développement en Afrique : la théorie de la croissance économique optimale, éditions l'Harmattan, Paris

DJELHI-YAHOT. S.A. 2019, Zones monétaires et développement économique en Afrique, éditions l'Harmattan, Paris

DOLLAR, David and Art Kray, 2002 « Growth is good for the poor», *Journal of Economic Growth, vol.7, n° 3, p.195-225*

DORNBUSCH, R., 1976," Expectations and exchange rate dynamics in *Journal of Political Economy", p1161-1176.*

DORNBUSCH, Rudiger and Frankel, J., 1988, "The flexible Exchange Rate Systèm: Experience and Alternative", International Finance and Trade in *MC Millan Press.*

EASTERLIN, Richard, 1974, Does economic growth improve human lot?

EASTERLY, W., 2001, The elusive quest for growth, Economists' adventures and misadventures in the tropics *in MIT Press*

EBOUE, C, 1990, " les effets macroéconomiques du dualisme financier: les enseignements du model in *L'entreprenariat en Afrique francophone, p27-41*

EBOUE, Etienne, 2007, The CFA Arrangements. More than just an aid substitute in IMF Working paper.

EDISON, H. and KAMINSKY, G., 1991, "Target Zones, Intervention, and Exchange Rate Volatility: France 1979-1990., FED board of governors.

EDISON, H. MILLER, M.,and WILLIAMSON, J., 1987, On evaluating and extending the Target zone Proposal, *Journal of Policy Modeling,9, p199-224*

AETON, J. and GERSOVITCH, M., 1981, Debt with potential repudiation in *Review of Economic Studies, vol.48.*

EDWARDS, S., 1983," Exchange Rates and News: A Multi-Currency Approach, in *Journal of International Money and Finance, 3, p211-224*

EDWARDS, S. 1989, "Real Exchange Rates, Devaluation and adjustment: Exchange Rate Policy in *developing countries, MIT Press*

EICHENGREEN, B., 2002, International Monetary Arrangements for the 21 st Century, Brookings, Washington., D.C.

EICHENGREEN, B., 2000, Taming capital flows in, *World Development*

EMMANUEL, A., 1969, L'échange inégal, Maspero.

ENGEL, C., and ROGERS, J. H., 1996, how wide is the border? In *American Economic Review*

ENGERMAN, S., and SOKOLOFF, 2002, Factor Endowments, Inequality, and Path Of development among New World Economy in NBER Working paper.,

FELDSTEIN, M, 1986, "A new evidence on the effects of exchange rate interventions in NBER Working Paper 2025

FERGUSON, N., and SCHURALICK, M, 2012, "The thin film of Gold: Monetary rules and policy credibility in *European Review of Economic History.*

FISHER, Irving, 1911, the purchasing Power of money, Macmillan Company

FLOOD, R. P., 1981, Explanations of Exchange Rate volatility and other empirical Regularities in some Popular Models of the Foreign Exchange Market.

FLOOD, R., P., 1991, Microstructure Theory and the Foreign Exchange Market in *FED Bank of St Louis Review.*

FLOOD, R. P., 1995, Fixing Exchange Rates: A virtual quest for fundamentals in *Journal of Monetary Economics, 36*

FLORO, S.M. and RAY, D., 1997, "Vertical links between formal and informal financial Institutions in *Review of Development Economics*

FLOUZAT, Denise, 1974, Economie contemporaine, Tome II, PUF

FONTAGNE, et FREUDENBERG, 1999, Marché unique et développement des échanges.

FONTAGNE, L., and FREUDENBERG, M., 1999, ʻʼ Endogenous symmetry of shocks In a monetary union in *Open Economy Review*

FRANK, A, G, 1969, Le développement du sous-développement en Amérique Latine, Editions Maspero.

FRANKEL, A. and ROSE, A.K., 1995, "A survey of empirical Research on nominal Exchange rates in *The handbook of International Economics.*

FRANKEL, J. and ROSE, A., 2002, "An estimate of the effect of currency unions on trade and income in *Quarterly Journal of Economics, p437-466.*

FRANKEL, J., and ROSE, A., 1997, The endogeneity of the effect of currency areas Criteria in *Economic Journal, p1009-1025.*

FRANKEL, J., STEIN, E., and WEI, S., 2003, Trading blocs and the Americas: the natural, the unnatural, and the super-natural in *Journal of Development Economics*

FRATIANNI, M. and WAKEMAN, L.M., 1982, The law of one price in the eurocurrency Market, in *Journal of International Money and Finance*

FRATIANNI, M., VON HAGEN, J., and WALLER, C., 1997, "Central banking, as a Political principal - agent problem in *Economic Inquiry, vol35*

FRATIANNI, M., VON HAGEM, J., and SOLOMON, R., 1997, "Monetary and fiscal Policy in European Union: some public choice considerations "

FRIEDMAN, M., 1956, The quantity theory of money, a restatement in *University of Chicago Press.*

FRIEDMAN, M., 1953, The case for flexible exchange rates, Milton Edition

FRIEDMAN, M., 1958, The supply of money and changes in price end ouput,

FRIEDMAN, M., 1968, Dollars and deficits

FRIEDMAN, M., 1973, the price theory

FRIEDMAN, M., 1969, Roundtable on exchange rate policy in *American Economic Review.*

FRIEDRICH, L. S., 2013, Optimum Currency Area.

FURTADO, Celso, 1970, Théorie du Développement économique, PUF.

GALBRAITH, John K., 1980, The theory of mass poverty

GALI, Jordi, and TOMMASO, Monacelli, 2000 "Optimal Monetary Policy and exchange rate volatility in a small open economy in Boston College.

GALI, Jordi, and TOMMASO, Monacelli, 2003, "Monetary policy and exchange rate volatility in a small open economy *in Review of Economic Studies,72.*

GALOR, O., 2005, The demographic transition and the emergence of sustained economic growth in *Journal of the European Economic Association.*

GALOR, O., 2002, Natural selection and the origin of economic growth.

GANELI, Giovanni, 2005, The new open economy macroeconomics of government debt in *Journal of International Economics, 65, p167-184.*

GANDOLFO, G., 1986, International Monetary theory and Open Economy Macroeconomics

GEORGESCU – ROAGEN, Nicholas, 1971, The entropy law and the economic process

GERSCHENKRON, Alexander, 1962, Economic Backwardness in historical perspective

GIAVAZZI, F. and GIOVANNINI, L. 1989, Limiting Exchange Rate flexibility: The European Monetary System, MIT Press

GIERSCH, H., 1973, on the desirable degree of flexibility in exchange rates in Weltwirtschafliches Archiv 109.

GIOVAZZI, F., and SPAVENTA, L, 1990, the new European Monetary System

GHIRONI, Fabio, 1999, Toward New Open Economy Macro econometrics, Federal Reserve Bank of New York.

GHIRONI, Fabio, 2003, Macroeconomic interdependence under incomplete markets in *Journal of International Economics, 76, p428-450*

GIRTON, L., and ROPER, D., 1981, "Theory and implication of currency substitution in *Journal of Money, credit and banking, vol.13, p12-30.*

GLICK, R., and ROSE, K. A, 2002, Currency union, and trade: A post-EMU-reassessment,

GOLDBERG, L.S., and TILLE, C., 2005, "Vehicle currency use in international trade in NBER Working paper

GOODHART, E. Charles, 1998, "The two concepts of money: implication for the analysis of optimum currency area in *European Journal of "Political Economy*

GRAHAM, Frank, D., 1945, Exchange, Price, and production in hyperinflation:

GRJEBINE, A., 1980, La nouvelle économie internationale, F.

GRUBEL, H. G., 1968, The Internationally diversified portfolios in *American Economic Review.*

GRUBEL, Herbert G., 1970, "The theory of optimum currency areas", Canadian Journal of Economics

HALLWOOD, Paul. C and MACDONARLD, Ronald, 2000, International money and Finance, Blackwell Publishing.

HALM, George, 1945, International Monetary cooperation.

HANSEN, G., and PRESCOTT, 2002, Malthus to Solow.

HARBERGER, A. C., 2005, "On the process of growth and economic policy in developing Countries, USAID.

HARBERGER, A. C., 2005, On the process of growth and economic policy in developing Countries, USAID.

HARPAGES, D., et LATOUCHE, S., Le temps de la décroissance, édit. Thierry Mongnier

HILLMAN, A. L., 2003, Public Finance and Public Policy, in *Cambridge University Press.*

HIRSCHMAN, 1964, La stratégie du développement économique, les Edit. Ouvrières.

HAUSMANN, R., and KIINGER, B., Structural transformation and Patterns of Comparative advantage in the product space *in CID Working Paper.*

HANSEN, G. and PRESCOTT, E., 2002, Malthus to Solow in *American Economic Review*

HELLER, H., R., 1976, International Reserves and worldwide nflation in *IMF Staff Paper*

HIRSCHMAN, Albert, 1957," Economic Policy in underdeveloped countries, ".

HIRSCHMAN, Albert, 2003, Public Finance and Public Policy, in *Cambridge University Press.*

HONKAPOHJA, S. and PIKARAINEN, P., 1992, "Country characteristics and choice of Exchange rate Regime," CERP Discussion Paper.

HOUSSA, R., 2008, "Monetary union in West Africa and asymmetric shocks in *Journal of development Economics*

HUGHES, Hallett, 1987, "Macroeconomic interdependence and the coordination of Economic Policy, Macmillan.

HUGHES, H. A. and RUMMEL. O., 2000, "Is the European Union a natural currency Area or is it held together by policy makers?

HUTCHISON, M. and WALSH, C., 1998, " the output – inflation tradeoff and central bank reform: evidence form New Zealand" The Economic Journal,108,pp703-725.

ISHIYAMA, Y., 1975, On the desirable degree of flexibility in exchange rates", p191-213.

JAFFRE, Philippe, 1996, Monnaie et Politique monétaire

JOHNSON, Harry.G. The case for flexible exchange rates in *FED of St. Louis Review 51, p12-24.*

KALDOR, Nicolas, 1961, "Capital Accumulation and Economic Growth.

KALDOR, Nicolas, 1970, the new monetarism, Lloyds Bank Review

KAPUR, Muneesh and MOHAN, Rakesh, 2014, "Monetary Policy Coordination and the Role of Central Banks, IMF Working paper.

KENEN, .P. 1969, Theory of optimum currency areas.

KENEN, P. B., 2008, Currency unions and policy domains

KENDLEBERGER, C., 1996, World Economic Primary 1500-1990.

KENDLEBERGER, C., 1986, International public goods without international government in *The American Economic Review.*

KINDLEBERGER, Charles, 1986, "International public goods without international Government, in *The American Economic Review*

KEOHANE, R., 1984, After Hegemony: Cooperation and Discord in the World Political Economy in *Princeton University Press.*

KIRKPATRIK, Colin, 1987, Trade policy and industrialization in less-developed countries, Grammell.

KIRSCHEN, E., 1975, Le seigneuriage américain

KISHOR, N. Kundan, and Ssozi, John, "Is the East African Community an optimal Currency area? In *MPRA Paper 17645,* University Library of Munich.

KOLMAN, Robert, 2002, Monetary policy rules in the open economy: effects on welfare and business cycles in *Journal of monetary Economics, 49,p989-1015.*

KONDRATIEV, N., 1935," The long waves in economic life in *The Review of Economics and Statistics*, *vol.17, P105-115.*

KRUEGER, Anne, 1987," Debt, capital flows, and LDC's growth, in *American Economic Review", vol.17 pp159-164*

KRUGMAN, P., 1991," Target zones and exchange rate dynamic in Quarterly *Journal of Economics*

KRUGMAN, P., 1991, Geography and Trade, in *Cambridge MIT Press.*

KRUGMAN, P., 1993, Six skeptical propositions about the EMU.

KUZNETS, S, 1955; Economic Growth and income inequality, in *American Economic Journal*

KUZNETS, S. 1966, Modern economic growth, Yale University Press 77,

KYDLAND, E.,and PRESCOTT, E., 1977, Rules rather than discretion: The Inconsistency of optimal plans", Journal of political Economy.

LE PAGE, J. M., 1991, Economie monétaire, édit. Cujas.

LASSUDRIE – DUCHENE, 1971, " La demande de différence et l'échange international in *Cahiers de l'ISEA.*

LASSUDRIE – DUCHENE, 1971, Théorie du cycle des produits de Vernon. »

LATOUCHE, S., 1986, Faut – il refuser le développement ? PUF

LERNER, A., Discussion on international policy and the search for economic stability By Ragwar Nurkse in *American Economic Review 37, p590-594.*

LIPSCHITZ, L, 1979, Exchange rate policy for a small developing country, and the selection of an appropriate standard in *IMF staff papers.*

LONGO, R., and SEKKAT, K., 2004, Economic obstacles to expanding intra-african Trade in *World Development, 32.*

LUCAS, R., 2000, Some macroeconomics for the 21 st century in *Journal of Economic Perspectives, 41.*

LUCAS, R." Interest rate and currency prices in a two-country world, *Journal of monetary Economics, 10.*

Malthus, T. 1798, An Essay on the Principle of Population.

MANASSE, P., ROUBINI, N., and SCHIMMELPFENNIG, A. 2003, Predicting sovereign debt crises in *IMF Working Paper*

MASSON, P. and PATILLO, C., 2005, "The monetary Geography of Africa in *Brooking Institution Press.*

MEADE, J. E., 1951, The Balance of payments in *Oxford University Press.*

MEADE, J., 1955, The case for flexible exchange rate in *three banks Review, vol.27.*

McCALLUM, J., 1995, national borders matter: Cana-US regional trade patterns.

MacDonald, R., and MARSH, I. W., 1997, Currency Spillovers and tripolarity: a simultaneous Model of the US dollar, German mark, and Japanese yen. Inn CERP Discussion Paper.

MacDONALD, R. and MARSH, I. W., 1999, Exchange rates modellin in *Kluwer Academic Press*

McKINNON, 1936, Optimum currency Areas, in *American Economic Review, p717-725.*

McKINNON, R., 1969; "Discussion on the currency area problem in *University of Chicago Press.*

McKINNON, R., and THAN, K-Y, 1983, Currency Substitution and instability in the World dollar standard in *American Economic Review.*

McKINNON, R, 1984, An international standard for monetary stabilization, Washington, D.C., Institute for International Economics.

MEESE, R. and ROGOFF, K., 1984, Empirical exchange rate model of the seventies do they fit out of sample? in *Journal of International Economics.*

MEESE, R., and ROGOFF, K., 1988, "Was it real? The exchange rate - interest differential relation over the modern floating - rate period in *Journal of Finance.*

MELITZ, J., 1988, Monetary Discipline and Cooperation in the European Monetary System.

MICCO, A., STEIN, E and Ordonez, G., 2003, the currency effect on trade; Early Evidence from European monetary Union, Center for Economic Policy Research.

MILL, ST. John, 1848, Principal of Economics.

MILLER, M. and WELLER, P., 1991, "Currency bands, Target zones and price flexibility in *IMF Staff Paper.*

MILLER, M., EICHENGREEN, B. and PORTES, R. Blueprints for Exchange rate Management, London in *Academic Press*

MOKYR, J., 2012, The enlightened Economy. An economic history of Great Britain 1700 – 1850.

MONACELLI, Tommasso, 2005, Monetary policy in a law pass-through environment in *Journal of money credit and banking, 6, p1047-1066*

MONGELLI, F. P., 2002, "New views on the Optimum currency Area Theory: what is EMU telling us in *European Central Bank working paper n° 138.*

MONTIEL, P. I., 1992, Real Exchange rate targeting under capital controls in IMF Staff Paper.

MUNDELL, R., 1961, The theory of the optimum currency area in *American Economic Review 53, p637-665.*

MUNDELL, Robert, 1997, Optimum currency Area.

MUSUNGAIE, André, 2010, " L'intégration monétaire en Afrique : particularité et rationalité économique.

MYRDAL, G., 1968, "Asian Drama: An inquiry into the poverty of nations.

NGUESSAN, Tchétché, 1996, Gouvernance et politique monétaire : A qui profitent les banques centrales de la zone CFA ? édit. L'Harmattan.

NOREL, Ph., 1990, Les banques face aux pays endettés, Edit. syros

NOREL, Ph., 1997, Problèmes du développement économique. Édit. Seuil.

NURKSE, R., 1944, "L'expérience monétaire international : les leçons de l'entre-deux- guerres, Société des Nations, Genève.

NURKSE, Ragnar, 1953, Problems of capital formation in underdeveloped countries in *Oxford University Press.*

OBSTFELD, M., ROGOFF, K., 1995, "Exchange rate dynamics redux in *Journal of Political Economy 203, p624-660.*

OBSTFELD, M. and ROGOFF, K, 1996, Foundations of International Macroeconomics in *MIT Press*

OBSTFELD. M., and ROGOFF, K., 2002, "Global implications of self-oriented national Monetary rules in *The Quarterly Journal of Economics*

OLSON, Mancur, 1996, Big bills on the sidewalks: why some nations are rich and others are poor? in *Journal of Economic Prospective, 41*

OLSON, Mancur and CASTEL, V., 2015, Country note: An African economic outlook.

PAGANO,Marco, 1993, "Financial market and growth: an overview in *European Economic Review, 37.*

Pappa, E., 2004," Do the ECB and the FED really need to cooperate? Optimal monetary policy in a two country-world in *Journal of monetary Economics, 51 p753-770*

PERSSON, T. and VOGGESLANG, T., 1992, Nonstationary and level shifts with application to Purchasing Power Parity*, in Journal of Business and Economic Statistics*

PERSSON, T, and TABELLINI, 2005, Double-edged incentive: institutions and polic coordination in *Handbook of International Economics.*

POLAK, Jacques, 1997, The IMF monetary model in *IMF Working Paper, Washington, D.C.*

PRASAD, Eswar, 2014, "The FED is not to blame for turmoil in Emerging markets in *Financial Time, February 12*

RADCHIFFE, L.W. and WILLET, I. D., 1984, Currency Substitution and instability in the World dollar standard: comment in *American Economic Review*

RADCLIFFE COMMITTEE, 1959, Report on the working of the monetary system

RAJAN, Raghuram, 2013, A step in the dark: unconventional monetary policy after the Crisis, lecture at the Bank of International Settlement

REINHART, C. and ROGOFF, K. S., 2002, The modern history of exchange rate Arrangements, a reinterpretation *in NBER Working Paper*

RICARDO, David, 1817, on the principles of Political Economy and taxation, London.

ROSENSTEIN – RODAN, P., 1943, Problems of industrialization of Eastern and South Eastern Europe in *Economic Journal.*

RODRIK, Dani and SUBRAMANIAN, 2014, Emerging markets, Victimhood Narrative, Bloomberg.

ROGERS, John, H., 1995, "Real Shocks and Real Exchange Rate in really long-term Data, Princeton University

ROGOFF, K., 1985, "Can International monetary coordination be counterproductive? in *Journal of International Economics.*

ROGOFF, K., 1992, Traded goods, Consumption smoothing and the random walk.

ROGOFF, K., 1995, The purchasing power parity puzzle in *Journal of Economic Literature.*

ROMER, P., 1986, Increasing returns and long run growth in *Journal of Political Economy.*

Rostow, w. w., 1960, The stages of Economic growth.

RUEF, J., le lancinant problème de la balance des paiements, édit. Payot

RUEFF, J., A dollar-reserve system as a transitional solution in *Princeton University Press.*

RUEFF, J., 1991, "the West is risking a credit collapse in Fortune

SACHS, J., 1985, "Is there a case for more Managed Exchange Rates?" Federal Reserve Bank of Kansas City.

SALA – I – MARTIN, Xavier, 2004, 15 years of New Growth Economics: what have we learned?

SAMUELSON, P. A., 1964, Theoretical problems on trade problems in Review *of Economics and Statistics", vol.46.*

SAMUELSON, P. A., and SOLOW, R., 1954, Balanced growth under constant returns to scale in *Econometrica.*

SACHS, J.D, Developing country debt and the world Economy in *University of Chicago Press.*

SAVVIDES, A., 1993, "Real exchange rate variability and the choice of exchange rate regime by developing countries in *Journal of International money and Finance, vol.9*

SCHALCK, Christopher, 2006, "Stabilisation budgétaire dans l'UEM/ proposition d'un mécanisme automatique in *Review d'Economie Politique, vol.116*

SCHIFFER, J., 1981, The changing Post-war pattern of development: An accumulated Wisdom of Samir Amin in *World Economic Development.*

SCHUBERT, K., 1996, Macroéconomie : comportement et croissance, éditions Vuibert.

SCITOVSKY, T, 1978, Economic theory and Western European Integration.

SCOOT, Maurice, 1992, A new theory of endogenous Economic Growth in *Oxford Review of Economic Policy*

SIDRAUSKI, Miguel, 1966," Inflation and Economic Growth in *Journal of Political Economy*

SIMS, Christopher, 2001, Fiscal consequences for Mexico of adopting the dollar in *Journal of Money, credit, and banking; vol.33, p597-616*

SINGLETON, J. 2011, Central banking in the twentieth-century in *Cambridge University Press*

SKUDENLY, F, 2003, Exchange-rate uncertainty and Trade: a survey.

SCHUMPETER, Joseph, The business cycles, 1939.

SMITH, Adam, 1776, The Wealth of nations.

SOHMEN, E, 1969, Flexible Exchange Rates: Theory and controversy in *Chicago University Press.*

SOLOMON, R., 1982, "The International Monetary System, Harper and Row.

SOLOW, Robert, 1974, The economics of resources or the resources of economics.

SOLOW Robert, 1956, A contribution to the Theory of Economic Growth

SOHMEN,E., 1961, Flexible Exchange Rate in *University of Chicago Press*

SOHMEN, E., 1967," Fiscal and Monetary Policies under flexible Exchange Rate Systems in *Quarterly Journal of Economics.*

STIGLITZ, J., 1974, Growth with exhaustible natural resources.

STIGLITZ, J .and WEISS, Andrew, 1981, "credit rationing in markets s with imperfect information in *American Economic Review*

SVENSON, Lars E., 1998, Open-economy inflation targeting, in CEPR Discussion paper.

SWOBODA, A., 1983, Exchange Rates Regimes and US – European Policy Interdependence, IMF staff paper

SWOBODA, A., 1976, Monetary Policy Under fixed Exchange Rate: Effectiveness, the Speed of Adjustment and proper use.

TAVLAS, G.S., 1994 "The theory of Monetary Integration in *Open Economic Review*

TAVLAS, George. S. and DELLA S Harris, 2009, "An optimum-currency –area odyssey".

TAVLAS; George,S., 2009, Optimum – Curreny Area paradoxes in *Review of International Economics*

TAYLOR, John, 1993, discretion versus policy rules in practice.

TAYLOR, John, 2013, International monetary coordination and the great deviation in *Journal of Policy Modeling, vol.39, p.463-472*

TAYLOR, Lance, 1983, Structuralist Macroeconomics

TAYLOR, John, 2013, International monetary coordination: Past, Present and future, Paper at the annual meeting of the Bank of International Settlements

TCHUNDJANG, Joseph, 1975, " A la recherche du temps perdu dans les relations économiques internationales.

TCHUNDJANG, Joseph, 1980, Monnaie, servitude et liberté : la répression monétaire de l'Afrique, édit. J.A.

TEMIN, P., 1989, Lessons from the great depression in *Harvard University Press.*

THOMAS, Vinod; WANG, Y., KISHER; N., 2000, the quality of growth in *Oxford University Press*

THOMAS, Vinod, 1991, Challenge of development in *World Development.*

THORSTEIN, Veblen, 1899, Why is Economics not an evolutionary Science?

TILLE, Cedric, 2001,The role of consumption substitutability in the international transmission of shocks in *Journal of International Economics, 53,p421-444*

TOBIN, James, 1978, A proposal for international monetary reform in *Eastern Economic Journal, vol. 3, n° 3-4*

TONIOLO, G., 2005, Central bank cooperation at the Bank for International Settlements

TOWER, E. and WILLETT, T., 1976, The theory of optimum currency areas and Exchange rate flexibility: A more general framework in *Special Papers in International Economics, 11, Princeton University.*

TRIFFIN, R, 1960, Gold and dollar crisis in *Yale University Press*

TSANGARIDES, C. G., and QURESHI, M., Monetary membership in West Africa: A Cluster analysis in *World Development, vol.36.*

TULLIO, G., and WOLTERS, J., 1996, Was London the conductor of the International Orchestra, the second violinist, or the triangle player? in *Scottish Journal of political Economy, 43, p419-443.*

VAN BEERS, N., BIJLSMA, M., and ZWART, G., 2014, Cross-country mechanisms in currency unions: an empirical assessment.

VAUBEL, R., 1977, Free currency competitive Supply of Money

VAUBEL, R., 1983, Coordination or competition among National Macro-economic Policies?

VERNON, R., 1966, International investment and International trade in the product Cycle in *Quarterly Journal of Economics "vol.80*

WALSH, Carl, 1995, Optimal contracts for central bankers in, *American Economic Review.*

WANG, J., MASHA, I., SHIRONO, K. and HARRIS, L., 2007, The common Monetary Area in Southern Africa: Shocks, Adjustment, and Policy Challenges, IMF Working Paper".

WEIL, G., 1987, The pegging practices of less developed countries: A look at recent Behavior in *Eastern Economic Journal, p49-53.*

WEIL, David, VERNON, Henderson, and ADAM Stireygard, 2011, A bright idea for measuring economic growth, *American Economic Review, vol. 101, n° 3* may, Pp194-199.

WILLIAMSON, J., 1977, The failure of world monetary reform, 1971-1974.

Williamson, J. and Miller, M., 1987, Targets and indicators for the international coordination of Economic policy in *Policy analysis in International Economics, n° 22*

WILLIAMSON, J, 1994, Estimating Equilibrium Exchange Rates, Washington, DC, Institute for International Economics

YAMAY, S. Basil, 1957, The Economic Progress of the under-developed countries in *Cambridge University Press.*

ZHENG, Liu and EVI, Pappa, 2005, Gains from international monetary policy coordination: Does it pay to be different?

ZHAO, Ziaodan and KIM, Y., 2009, Is the CFA franc zone an optimum currency Area?" in *World Development.*

TABLE DES MATIÈRES

SOMMAIRE...7
INTRODUCTION...9

CHAPITRE PREMIER
L'IMPACT POSITIF DE LA ZONE MONÉTAIRE SUR L'ÉCONOMIE 11
I. LES FONDEMENTS THÉORIQUES DE LA ZONE MONÉTAIRE...11
1.1. La théorie de la zone monétaire optimale......................11
1.1.2. Les coûts et les bénéfices de la zone monétaire optimale(efficiente). 14
1.2. La nouvelle approche : l'efficience. 15
1.2.1. La faiblesse de l'approche traditionnelle...................15
1.2.2. L'efficience plutôt que l'optimalité 18
II. L'IMPACT DE LA ZONE MONÉTAIRE SUR LES VARIABLES EXPLICATIVES DE LA CROISSANCE ÉCONOMIQUE 27
III. LES FAITS CONFIRMENT LA THÉORIE......................30
3.1. Les performances économiques en Afrique 31
3.2. Les performances économiques en Europe 40
VI.. LES CRITIQUES CONTRE LA ZONE MONÉTAIRE OPTIMALE..40

CHAPITRE DEUXIÈME
LA LOGIQUE POLITIQUE CONTRPRODUCTIVE CONTRARIANT LA RATIONALITÉ ÉCONOMIQUE DANS LA FORMATION DE LA ZONE CEDEAO 43
I. DES CONSIDÈRATIONS POLITIQUES CONTREPRODUCTIVES..44
II. LES CRITÈRES DE CONVERGENCE MACROÉCONOMIQUE FRAGILES, IRRATIONNELS ET ANTIÉCONOMIQUES OU RÉPRESSIFS 48
2.1. Le ratio solde budgétaire / PIB de 3 %.........................50
2.2. Le maintien du taux d'inflation en dessous de 5 %.......51
2.3. Les réserves extérieures permettant au moins trois mois d'importations..52

2.4. Le plafond d'endettement de 70 % 53
2.5. Le taux de financement du déficit budgétaire par la banque centrale de 10% des recettes fiscale antérieures....... 73
2.6. La variation du taux de change nominal de plus ou moins 10% 74

CHAPITRE TROISIÈME
LA ZONE MONÉTAIRE CEDEAO EST UNE UNION VIABLE 81
I. LES CRITÈRES TRADITIONNELS 82
1.1. La mobilité des facteurs de production et la flexibilité des prix et des salaires 82
1.2. L'intégration financière 83
1.3. Le degré d'ouverture 84
1.4. La diversification de la production 84
1.5. L'intégration fiscale 85
1.6. L'intégration commerciale 86
II. LA CEDEAO et LES AUTRES CRITÈRES 87
2.1. Les coûts et les bénéfices de la zone monétaire CEDEAO 88
2.2. Les autres facteurs 89
2.2.1. La similarité des taux d'inflation 89
2.2.2. L'efficacité de la politique monétaire 89
2.2.3. L'homogénéité des préférences 91
2.2.4. La synchronisation des cycles de production 91
2.2.5. Le facteur politique 92
2.2.6. Le caractère, la variation et la corrélation des chocs 93
2.2. 7.. Le besoin de stabilité d'importation et de devises, et le désir d'intégration 95
2. 2. 8. L'efficacité de l'ajustement du taux de change 96
2.2.9. Un nouveau facteur : l'efficacité de la gouvernance économique 97
III LE CONCEPT D'ENDOGENÉITÉ DE LA ZONE MONÉTAIRE 101
IV. LA ZONE MONÉTAIRE CEDEAO PEUT ÊTRE EFFICIENTE 103
4.1. Les bénéfices et les coûts de la zone monétaire CEDEAO 105
4.1. 1.. Les coûts de la zone monétaire optimale 105

4.1.1. 1.. L'abandon de l'instrument de change....................105
4.1.1.2. La perte de la souveraineté monétaire......................106
4.1.1.3. Les coûts liés à l'existence d'institutions différentes sur le marché du travail 107
4.1.1.4. La perte de l'utilisation de l'impôt-inflation 109
4.1.1.5. Les externalités négatives externes 110
4.1.1.6. Les chocs symétriques et asymétriques....................110
4.1.1.6.1. Les chocs et leurs impacts sur le taux de change...110
4.1.1.6.2. Le coût des chocs asymétriques..........................111
4.1.1.6.3. Les chocs symétriques à effets asymétriques 112
4.1.1.7. Les coûts en termes de préférence de politique économique. 112
4.1.1.8. Les coûts de transition...114
.4.2. Les bénéfices de la zone monétaire optimale................115
4.2.1. L'accroissement de la valeur de l'éco, la monnaie commune...115
4.2.2. La stabilité du taux de change et la compétitivité des prix 117
4.2.3. L'élimination des coûts de transaction et de change ...117
4.2.4. Le risk-sharing...119
4.2.5. La baisse de la volatilité liée à la spéculation.............120
4.2.6. L'augmentation de la croissance économique.............121
4.2.7. Les gains en termes de crédibilité..............................122
4.2.8. Les externalités externes positives.............................122
4.2.9. Le seigneuriage international....................................123
V. LE RÉGIME DE CHANGE FIXE ET L'ARRIMAGE DE L'ÉCO AVEC L'EURO, LE DOLLAR ET LE YEN 123
5.1. Le régime de change fixe 123
5.2. L'arrimage aux devises étrangères 130
VI. LA ZONE MONÉTAIRE CEDEAO EST VIABLE........134
VII. LA ZONE MONÉTAIRE CEDEAO ET LA FUTURE ZONE MONÉTAIRE AFRICAINE (ZMA) 136

CONCLUSION GÉNÉRALE 139
ANNEXE...141
BIBLIOGRAPHIE 165

Structures éditoriales du groupe L'Harmattan

L'Harmattan Italie
Via degli Artisti, 15
10124 Torino
harmattan.italia@gmail.com

L'Harmattan Hongrie
Kossuth l. u. 14-16.
1053 Budapest
harmattan@harmattan.hu

L'Harmattan Sénégal
10 VDN en face Mermoz
BP 45034 Dakar-Fann
senharmattan@gmail.com

L'Harmattan Cameroun
TSINGA/FECAFOOT
BP 11486 Yaoundé
inkoukam@gmail.com

L'Harmattan Burkina Faso
Achille Somé – tengnule@hotmail.fr

L'Harmattan Guinée
Almamya, rue KA 028 OKB Agency
BP 3470 Conakry
harmattanguinee@yahoo.fr

L'Harmattan RDC
185, avenue Nyangwe
Commune de Lingwala – Kinshasa
matangilamusadila@yahoo.fr

L'Harmattan Congo
67, boulevard Denis-Sassou-N'Guesso
BP 2874 Brazzaville
harmattan.congo@yahoo.fr

L'Harmattan Mali
ACI 2000 - Immeuble Mgr Jean Marie Cisse
Bureau 10
BP 145 Bamako-Mali
mali@harmattan.fr

L'Harmattan Togo
Djidjole – Lomé
Maison Amela
face EPP BATOME
ddamela@aol.com

L'Harmattan Côte d'Ivoire
Résidence Karl – Cité des Arts
Abidjan-Cocody
03 BP 1588 Abidjan
espace_harmattan.ci@hotmail.fr

Nos librairies en France

Librairie internationale
16, rue des Écoles
75005 Paris
librairie.internationale@harmattan.fr
01 40 46 79 11
www.librairieharmattan.com

Librairie des savoirs
21, rue des Écoles
75005 Paris
librairie.sh@harmattan.fr
01 46 34 13 71
www.librairieharmattansh.com

Librairie Le Lucernaire
53, rue Notre-Dame-des-Champs
75006 Paris
librairie@lucernaire.fr
01 42 22 67 13

www.ingramcontent.com/pod-product-compliance
Lightning Source LLC
LaVergne TN
LVHW010944061026
849535LV00007B/2566
* 9 7 8 2 3 4 3 2 2 4 3 4 3 *